선거공약과 이슈 전략

송근원 지음

1992

머리말

 선거는 국민의 요구와 지지를 정치체제에 투입시키는 기제(機制)이다. 선거 아젠다가 짜여지는 동인(動因)은 지지-표-의 획득에 대한 기대이다. 후보자는 선거를 통하여 지지를 획득함으로써 정치권력을 사용할 수 있는 정치적 정당성을 확보하게 된다.
 반면에 유권자들은 지지에 대한 반대급부로서 그들의 요구를 수용하여 정책에 반영시킬 것을 원한다. 따라서 후보자들은 유권자들로부터 그들이 내세울 이슈를 찾는다. 선거기간 동안에 각 후보들의 아젠다 창문(agenda window)은 활짝 열리게 되며, 선거가 종료되면서 선거 아젠다(electoal agenda: 선거기간 동안에 제기된 이슈들의 모음)의 창문은 굳게 닫히고 만다. 따라서 어떤 이슈를 정부 아젠다에 가져가기 위한 가장 빠른 방법은 선거 아젠다를 이용하는 일이다.
 한마디로 말해서 선거과정은 후보자들이 이슈를 찾아내고 제기하고, 자신의 이슈 입장(issue stands)을 국민들에게 호소하고 설득함으로써 국민들의 지지를 끌어내는 과정이다. 이 과정 속에서 제시된 이슈는 상대방 후보와의 이슈 논쟁에 의하여 확장되기도 하고 변질되기도 하며 소멸되기도 한다.

따라서 어떠한 이슈를 어떻게 제시하는가, 그리고 상대방 후보의 이슈 입장에 대해서는 어떻게 공략할 것이며, 상대방의 공격에 대해서는 어떻게 방어할 것인가는 후보자에게 있어서 매우 중요한 일거리이며, 이슈 전략의 요체이다.

이 책에서는 실제의 선거에서 어떻게 이슈를 효과적으로 제시하는가에 초점을 두었다. 곧, 돈을 안 쓰면서도 보다 많은 득표를 할 수 있는 방법으로서의 이슈 전략들을 제시하였다. 여러 가지 이슈 전략들을 통하여 후보자들 사이에 떳떳한 이슈 대결을 벌인다면, 그것은 선거가 끝난 뒤 선거 아젠다로부터 정부 아젠다로 옮겨지고 정책으로 전환되어 집행될 것이다.

이 책은 전부 일곱 갈래로 짜여 있는데, 첫째 갈래에서는 이 책을 읽는 데 소용이 되는 몇 가지 개념들 및 이슈 전략을 세우는 데 바탕이 되는 선거 아젠다에 관한 이론들, 곧 유권자들의 투표행태에 관한 이론들을 살펴보고, 둘째 갈래에서는 이슈 전략을 세우기 위해서 고려해야 할 이슈의 성격, 이슈 주기, 유권자의 특성 및 생각, 선거기간 동안에 후보자가 동원할 수 있는 자산(資産), 예상되는 이슈 반응, 활용할 수 있는 시·공간적 상황 따위에 관하여 논의한다. 셋째 갈래에서는 이슈의 제기시점과 관련하여 이슈 제기전략, 재제기전략, 반응전략 따위를, 넷째 갈래에서는 이슈를 정의내리는 방법과 관련하여 나타나는 이슈 전략들을, 다섯째 갈래에서는 이슈의 주제에 따른 이슈 전략들을, 여섯째 갈래에서는 득표와 관련된 이슈 프레미엄의 성격에 따른 이슈 전략들을 제시할 것이다. 그리고 일곱째 갈래에서는 한국의 선거정치가 어떻게 되어야 할 것인가를 당부함으로써 끝맺음을 하고 있다.

이 책은 어떠한 선거에서든 실제 선거전(選擧戰)에서 활용할 수 있도록 이슈 전략에 초점을 둔 책이다. 이 책의 밑바탕에는 제5대, 6대, 7대, 13대 대통령 선거 아젠다를 분석한 연구 결과들이 일부 깔려 있긴 하지만, 이 책의 내용은 모든 선거에서 활용할 수 있도록 전문 학술적인 부분을 쉬운 용어로 고쳐 쓴 책이다. 곧, 이 책에서는 학문적인 의미보다는 실제적인 의미에 초점을 두었기 때문에, 글쓴이의 주장을 밑받침할 수 있는 통계 도표나 그래프 등은 거의 생략하였고, 단지 역대 대통령 선거 이슈들의 분석 결과가 시사해주는 각 후보들의 이슈 전략들을 보기로 들면서 서술하는 방식을 취하였다.

따라서 학문적인 측면에서 후보자들의 이슈 전략에 관심이 있는 분들은 이 책 이후에 출간될 『선거정치론』을 참고하기 바란다. 『선거정치론』은 이 책의 세 배 정도 되는 분량으로 이 책보다 훨씬 더 자세히 기술되어 있고, 이슈 전략뿐만 아니라 역대 대통령 선거 아젠다 구조의 변화, 이슈의 유형 분류, 이슈 주기 분석, 이슈 참여자의 관심과 영향 분석 등에 관하여 포괄적으로 취급하면서, 통합이론으로서의 이슈 프레미엄 이론 모형을 제시하고 있다. 단지 이 책보다는 조금 늦게 출간될 예정인데, 그 이유는 도표와 그림이 많이 들어가기 때문이다.

이 책을 쓰는 데 밑바탕이 된 연구 결과들은 다음과 같다. 제13대 대통령 선거 아젠다에 관하여는 1989년도 문교부 지원 학술진흥재단의 자유공모과제 학술연구조성비에 의하여 연구되었으며 그 연구 결과는 『한국정치학회보』 제24집 제1호(1990)에 발표되었고, 제5, 6, 7대 대통령 선거 아젠다에 관하여는 1991~92년도 한국의회발전연구회의 지원을 받아 같은 학교의 나중식 교수와 함께 연구하였으며, 여기에서 축적된 자료가 이 책을 쓰는 데 있어서 주재료로 사용되었음을 밝힌다. 이 이외에도 1990년 경성대학교 『논문집』에 발표된 선거 아젠다 분석에 관한 기본틀에 관한 연구 결과가 이 책을 구성하는 데 사용되었다.

이 책을 쓰는 데 있어서 읽어주고, 여러 가지로 논평을 해준, 어렸을 때부터의 죽마지우인 백강 유병수 선생과, 동료인 나중식 교수, 그리고 자료 수집에 도움을 준, 현재 고대 대학원에서 박사학위를 남겨놓고 있는 이기식 군에게 감사를 표하며, 도표 정리에 도움을 준 경성대학교 법정대 전산실의 서문순례 양에게도 감사를 표한다. 또한 이 책의 출판을 기꺼이 응락해주신 도서출판 한울의 김종수 사장님께도 감사한다.

단기 4325년 11월
글쓴이

둘째 갈래 이슈 전략의 고려 요소

첫째 마디 이슈/40
  1. 이슈의 수 • 41
  2. 이슈 자체의 성격 • 42
  3. 이슈의 정의방법 • 50
  4. 이슈와 이슈의 관계 • 52
  5. 이슈 주기 • 53

둘째 마디 유권자의 특성과 생각/57
셋째 마디 이슈 제기자의 자산(資産)/63
  1. 후보자의 능력 • 64
  2. 후보자의 징력 • 65
  3. 후보자의 신체적 특징 • 66
  4. 시간 • 66
  5. 자금 • 68
  6. 정보 • 69
  7. 조직 • 70
  8. 명분 • 71

넷째 마디 예상되는 이슈 반응/75
다섯째 마디 시·공간적인 상황/77

셋째 갈래 시점과 이슈 전략

첫째 마디 이슈 제기전략/84

선거공약과 이슈 전략
― 차 례 ―

머리말•3

첫째 갈래 이슈와 정치

첫째 마디 선거공약과 이슈 전략에 관한 몇 가지 개념들/13
1. 아젠다란 무엇인가•13
2. 이슈란 무엇인가•14
3. 이슈의 특징•16
4. 이슈 경쟁과 이슈 전략•16

둘째 마디 선거공약과 투표 행태에 관한 이론들/19
1. 이슈 프레미엄 이론•22
2. 미래 약속 제시 이론―공공여론 이론과 책임정당 이론•27
3. 선거에 관한 보상-처벌 이론•30
4. 후보자 특성 이론•31
5. 사표방지 이론•33
6. 비합리적 투표 이론―동조투표 이론 등•34

둘째 마디 이슈 재제기전략/88
셋째 마디 이슈 반응전략/92
   1. 이슈 동조전략・93
   2. 이슈 반박(해명)전략・94
   3. 이슈 무반응전략・95
   4. 이슈 반응 끌어내기전략・95

넷째 갈래 이슈 정의와 이슈 전략

첫째 마디 이슈 연계전략/101
둘째 마디 이슈 모방전략/104
셋째 마디 이슈 확장전략/108
   1. 이슈의 구체화・109
   2. 이슈의 다양화・110
넷째 마디 이슈 전환전략/113
다섯째 마디 이슈 변질전략/115
여섯째 마디 이슈 탈취전략/117
일곱째 마디 이슈 상징전략/120
여덟째 마디 이슈 전략론의 의미/124

다섯째 갈래 이슈 내용과 이슈 전략

첫째 마디 정치적 이슈와 이슈 전략/133
   1. 정치체제 및 정통성에 관한 이슈・134

2. 미래의 정치적 과업에 관한 이슈•135
  3. 후보 및 선거에 관한 이슈•137
  4. 구조적 이슈•147
둘째 마디 안보·외교·통일 이슈와 이슈 전략/149
  1. 안보 이슈•149
  2. 외교 이슈•151
  3. 통일 이슈•152
셋째 마디 사회적 이슈와 이슈 전략/155
넷째 마디 경제적 이슈와 이슈 전략/157
다섯째 마디 선심성 이슈와 이슈 전략/159
여섯째 마디 맺음말/166

여섯째 갈래 이슈 프레미엄의 성격과 이슈 전략

첫째 마디 정책 관련 이슈와 이슈 전략/175
둘째 마디 체제 관련 이슈와 이슈 전략/180
셋째 마디 선거 관련 이슈와 이슈 전략/182
넷째 마디 후보 관련 이슈와 이슈 전략/185

일곱째 갈래 한국의 선거정치—맺음말

첫째 마디 후보자에게—어떻게 할 것인가/191
둘째 마디 유권자에게—무엇을 보고 택할 것인가/194

첫째 갈래
이슈와 정치

첫째 마디: 선거공약과 이슈 전략에 관한 몇 가지 개념들
둘째 마디: 선거공약과 투표 행태에 관한 이론들

첫째 마디
선거공약과 이슈 전략에 관한 몇 가지 개념들

1. 아젠다란 무엇인가

　아젠다란 말은 정책학에서 많이 쓰이는 전문적 용어이기 때문에 일반 독자들에게는 생소한 낱말이지만 결코 어려운 낱말은 아니다. 일반적으로는 어떤 문제나 이슈가 공공의 관심을 끎으로써 또는 정책 결정자들의 관심을 끎으로써, 공공 정책의 형성을 위하여 논의될 수 있는 상태에 놓여질 때 그 문제나 이슈가 아젠다에 위치한다고 이야기된다.
　곧, 아젠다란 공공정책으로 전환되기 위하여 정책 결정자들의 관심을 불러일으키고 논의될 수 있는 상태에 있는 문제나 이슈 또는 그 해결대안들의 목록을 의미한다. 따라서 공공 아젠다(public agenda)란 일반 국민들에 의해 공공정책상의 문제로서 논의되는 의제(議題)들의 모음이다. 쉽게 생각해서 여론에 의하여 제시되는 문제들 및 해결방안에 관한 것들을 모아놓았을 때 그것을 공공 아젠다라 부른다. 한편, 정부 아젠다(governmental

agenda)란 정부 기관이나 관리들이 해결하려 하는 정책 문제 및 그 해결대안들의 모음을 말한다. 마찬가지로, 대통령 아젠다란 대통령이 해결해야 되겠다고 생각하는 문제들의 목록이며, 국회 아젠다란 국회에서 논의되는 의제들로 구성되고, 언론 아젠다란 신문이나 방송에서 이슈화시킨 모든 문제들의 모음을 말한다.

 이 책에서 많이 나오는 선거 아젠다란 말은 선거기간 동안에 쟁점으로 등장한 모든 문제들 및 그 해결방법들의 모음을 뜻한다. 보다 쉽게 이해한다면, 선거공약들의 모음을 뜻한다고 보아도 무방할 것이다. 선거 아젠다는 선거기간 동안에 후보들이나 언론 또는 기타 민간단체 등 선거과정에의 참여자들에 의하여 제기된 이슈들로 구성된다.

2. 이슈란 무엇인가

 이슈란 학문적인 의미에서 엄격하게 이야기할 때, 어떤 문제나 요구가 공공의 관심을 끌어 공공정책상의 논점으로 제시되어 이해갈등이 나타나는 경우, 특히 정책결정자의 관심을 끌어 정책꾼(policy actor)들에 의하여 논의되고, 여기에 관련된 사람들간의 이해관계가 노정되는 경우를 뜻한다. 곧, 이슈란 문제나 요구가 공중의 관심을 집중시키며 정책꾼들에 의하여 논의되고, 여기에 관련된 사람들간의 이해관계가 노정된다는 점에 있다.

 이런 점에서 보았을 때, 이슈란 상반된 이해 당사자들이 서로 유리한 위치에 서기 위해 명분을 내세우고 합리화시키기 위한 싸움과정에서 나타나는 '문제에 대한 개념 규정들간의 갈등'으로 파악할 수 있다.

그러나 이러한 정의는 이슈의 범위를 너무 한정함으로써 이슈의 규범적인 측면을 무시하는 경향이 있다. 곧, 이슈의 개념을 구성하는 필수요인으로서 '이해 갈등'은 이해 다툼이 해결되어 나가는 정책과정에서의 본질적인 요소임에는 틀림없으나, 이슈 구조상의 다른 한 부분, 곧 명분이나 가치 전제 따위의 규범적 요소를 간과하기 쉽다는 단점이 있다.

한편, 넓은 의미에서 이슈의 개념은 어떤 문제나 요구가 일반 국민들의 관심을 끌어 공공정책상의 논점으로 제시되는 경우를 의미한다. 좀더 자세히 이야기한다면, 공공의 관심권 안으로 어떤 문제가 등장하여 그 해결이 논의되면 그것은 공공 아젠다 위에 오른 이슈라 할 수 있고, 그것이 특히 정부의 정책꾼들에 의하여 논의될 때에는 정부 아젠다 위에 오른 이슈라 할 수 있다.

이 책에서는 선거 아젠다를 구성하고 있는 이슈의 의미를 넓은 의미로 사용한다. 곧, 이해갈등이 나타나는 후보자들 사이의 갈등적 이슈뿐만 아니라 규범적 이슈도 이에 포함시키며, 선거기간 동안에 제기된 정책 우선순위나 문제해결에 대한 대안 따위도 모두 포함하는 포괄적인 개념으로 사용한다.

이런 점에서 볼 때, 선거 아젠다란 공공 아젠다의 일종으로서 선거기간 동안에 후보자들이 내세운 선거공약의 형태로 나타나는 이슈들 및 그 해결 대안들로 구성된다고 볼 수 있다.

3. 이슈의 특징

 아젠다가 짜이는 과정에서 논의되는 요구나 문제는 주어진 그 대로의 것(a priori)이 아니라, 공공정책상의 문제로 정의되는 것이다. 선거 아젠다 짜임과정 역시 후보자들이 제기한 이슈가 계속 정의(定義)되어가는 과정으로서, 어떤 한 이슈가 가지고 있는 이슈 내용이나 범위는 그 이슈를 정의내리는 입장에 따라서 계속 변화한다. 곧, 선거 아젠다 짜임과정은 후보자들을 위시한 사회의 여러 관련 세력들이 자기들에게 유리하도록 문제를 정의내리며, 그것을 반영시키려고 활동하는 과정이라 할 수 있다.
 따라서 똑같은 문제라도 후보자들에 따라 이슈 입장이 다르고 이슈를 해결하는 방법도 달라진다. 선거기간 동안에 이루어지는 후보자들 사이의 이슈 논쟁이란 국민들이 관심을 가지고 있다고 생각하는 이슈들을 자신에게 유리한 측면에서 정의하기 때문에 나타나는 현상이다. 이런 점에서 보았을 때, 선거에서의 이슈 전략은 이슈를 어떻게 정의내리는가에 관한 것이라 할 수 있다.

4. 이슈 경쟁과 이슈 전략

 선거 아젠다 짜임과정 속에서 나타나는 가장 큰 특징 가운데 하나는 이슈들 사이의 경쟁이다. 왜냐하면 선거 아젠다 공간은 제한되어 있기 때문이다. 예컨대, 각 후보자들이 제시한 선거공약들은 국민들에게 전달되기 위해서는 신문 지면이나 방송시간을 할애받아야 하며, 그러기 위해서는 서로 경쟁한다. 선거운동원들이 밤낮으로 자신이 지지하는 후보들의 공약을 전달한다 해도 선거기간 동안에만 가능하다. 따라서 선거 아젠다 지위를 획득하기 위한 여러 이슈들 사이의 경쟁은 필연적이다. 선거 아젠다의 수용력에는 한계가 있는 데 반하여 많은 이슈들이 존재하고 있으며, 이들은 아젠다 진입(agenda entry)을 위해 서로 영향을 미치며 경쟁을 한다.

비교적 선거기간 동안에는 어떤 이슈든 아젠다 진입이 쉽게 이루어진다. 왜냐하면 후보들은 자신의 이슈를 가짐으로써 그 이슈에 대한 이슈 프레미엄을 얻을 수 있는 까닭에, 평상시에는 관심을 가지지 않았다 하더라도 선거기간 동안만큼은 이슈 찾기에 여념이 없기 때문이다.

비록 이슈의 선거 아젠다 진입은 다른 정책 아젠다에 비해 비교적 쉽게 이루어진다 하더라도, 아젠다 지위를 유지하기 위해서는 다른 이슈들과 계속 경쟁상태에 놓이게 된다. 왜냐하면 선거기간 동안에는 새로운 이슈들이 계속 등장하는 까닭에 다른 보다 강력한 이슈들에 의하여 어느 사이에 공공의 관심권 밖으로 밀려날지도 모르기 때문이다.

선거기간 동안 선거 아젠다 공간을 차지하기 위한 이슈들 사이의 경쟁은 이슈 전략상 매우 중요한 의미를 띤다. 하나의 어떤 이슈가 부상하면 다른 이슈들은 아젠다 공간을 빼앗기게 되고, 유권자들의 관심으로부터 멀어지게 되는 까닭이다. 따라서 후보자들은 자신에게 유리한 이슈를 국민들의 관심을 끌 수 있는 선거 아젠다 위에 올려놓기 위해서, 그리고 일단 선거 아젠다 위에 오른 이슈들이 계속하여 그 위에 머무를 수 있도록 여러 가지 이슈 전략을 사용한다.

둘째 마디 ─────────────────────
선거공약과 투표 행태에 관한 이론들

　이슈는 '정치의 연료'이다. 정치무대, 특히 선거기간 동안에 후보자들에 의하여 제기되는 이슈들은 국민들에 의하여 직접적으로 평가되고 그것이 후에 정부의 정책과 연결된다. 이런 점에서 보았을 때 선거는 이슈를 정부 아젠다 위에 올려놓을 수 있는 하나의 기제(機制: mechanism)이다.
　선거 아젠다는 선거과정을 통해서 나타나는 이슈들의 모음이다. 선거기간 동안에 이루어지는 선거유세는 선거 아젠다 형성의 주동인(主動因)이다. 왜냐하면 선거유세는 후보자들 사이의 이슈 제기과정이자 이슈 찾기 경쟁과정이며, 유권자들의 원망(願望)과 문제가 그들에게 공급되는 과정인 까닭이다. 선거유세장은 그야말로 각 후보자들이 자기에게 유리하다고 생각하여 제기한 이슈들의 집합소인 것이다. 선거과정을 통해서 국민들의 관심을 끌기 위한 이슈와 이슈의 불꽃튀기는 경쟁이 이루어지며, 이들 이슈들이 선거공약을 형성하게 되고 공공정책에 영향을 미친다.
　뿐만 아니라 선거공약들은 선거 결과에 많은 영향을 미친다.

선거과정은 각각의 이슈에 대한 각 후보자들의 견해나 입장이 표명되어 국민들에게 전달되고 심판되는 과정이기 때문이다. 이슈 정치학의 입장에서 볼 때, 선거 유세과정에서 나타나고 사라져가는 여러 이슈들은 후보들의 당락에 많은 영향을 주기 때문에 매우 중요하게 취급된다. 따라서 선거 이슈를 통제할 수 있는 능력은 정치권력의 획득을 위해 매우 중요하다. 예컨대, 어떠한 이슈를 어느 시점에서 어떻게 제기하는 것이 가장 효과적인가, 불리한 어떤 이슈가 상대 후보자에 의해 제기된다면 이에 대한 반응 전략을 어떻게 세울 것인가 따위에 대한 응답능력은 선거 결과에 많은 영향을 미칠 것이다.

이와 같이 이슈가 선거라는 정치적 과정 속에서 가지는 의미는, 한편으로는 정부의 정책과 연결되는 국민들의 요구라는 의미와, 다른 한편으로는 정치권력의 정당화와 연결되는 유권자들의 지지라는 두 가지 의미를 띤다. 따라서 후보자는 유권자와의 관계에서 선거기간 동안에 매개체로 작용하는 이슈에 전략적 의미를 부여하게 된다.

물론 선거에서 투표행태를 결정하는 요인은 선거공약의 형태를 띠는 이슈 이외에도 여러 가지이다. 유권자들은 후보자들이 내세운 정책 공약만을 보고 투표하는 것은 아니다. 어떤 유권자들은 후보자의 업적을 보고 투표하기도 하고, 어떤 이들은 후보자들의 성격이나 보이지 않는 매력에 끌리어 표를 던지기도 한다. 또한 어떠한 사람들은 가족 또는 친구나 아는 사람이 권하는 대로 투표하기도 한다.

선거과정에서 공약을 보고 투표한다는 의미는 엄격한 의미에서 후보자들 사이의 정책 대안에 대한 이슈 입장을 보고 그 결과에 대한 판단과 더불어 합리적으로 후보자를 선택하는 행위라 할 수 있으나, 일반적으로는 후보자가 제시하는 앞으로의 약속, 과거의 잘잘못에 대한 시시비비, 후보자의 자질, 성격, 자격 등에 대한 논쟁 등을 다 포함할 수 있다.

그렇다면 이슈가 정말로 득표와 관련이 있는가 없는가? 만약 득표와 관련이 있다면 유권자는 미래의 약속에 대한 판단에 의하여 후보자를 선택하는가, 아니면 과거의 업적이나 잘못에 대한 회상적 판단에 의하여 후보자를 선택하는가, 아니면 후보자의 성격이나 능력, 이념 따위를 고려하여 표를 던지는가? 또는 이러한 것들 이외에 당선가능성을 고려하면서 후보자를 선택하는가? 그렇지 않으면 선거과정에서 이슈화되지 않은 그 이외의 다른 어떤 요인, 예컨대 단지 학연이나 지연 또는 같은 종교를 믿는다는 이유 때문에 표를 던지는가? 뿐만 아니라 선거 유세과정에서 후보들이 내세우는 이슈와 공공 여론은 어떠한 관계에 있는가? 곧, 후보자는 여론에 따라 자신의 이슈 입장을 정리하여 변화해나가는가, 아니면 소속 정당이나 후보자 자신의 독특한 이슈 입장을 지키면서 여론을 이끌어나가는가?

이러한 질문들에 대한 응답이 선거 아젠다에 관한 이론들이다. 곧, 선거 이슈와 투표행태의 관계를 설명하기 위해서 이슈 프레미엄 이론, 미래 약속 제시 이론, 선거를 통한 보상-처벌 이론, 후보자 특성 이론, 사표방지 이론, 공공여론 이론, 정당 견해 차이 이론, 기타 비합리적 요인에 따른 투표 이론 따위가 제시된다. 이들을 다음 마디마디에서 하나씩 살펴보면 아래와 같다.

1. 이슈 프레미엄 이론

　이슈는 곧 표(票)이다. 선거전에서의 이슈 논쟁은 국민들에 의하여 평가되고 그것이 득표로 연결된다. 어떤 후보자가 자신을 국민들에게 가장 잘 알릴 수 있는 제일 좋은 방법은 국민들이 관심을 가지고 있는 이슈를 제기하고 그것에 논쟁의 불을 붙이는 방법이다. 곧, 일반 국민들의 관심을 끌 수 있는 이슈를 제시하여 그들의 에너지를 그 이슈 논쟁에 동원시킬 수 있을 때, 그 후보자는 자신의 이미지를 국민들에게 심어주는 데 성공할 것이다. 특히 이슈 논쟁을 자기에게 유리하게 주도해 나가면서 국민들을 자기편으로 끌어들일 수 있다면, 그 후보자는 이슈를 둘러싼 민주주의의 싸움터에서 승리를 안을 수 있을 것이다. 한편, 자신에게 불리한 이슈 논쟁에 휘말려 들지 않기 위해서 그것과는 전혀 다른 새로운 이슈를 만들거나 여러 가지 상징 전략을 사용하기도 한다.
　이와 같이 이슈는 선거에 있어서 매우 중요하다. 어떠한 이슈를 언제 제기하는가, 그리고 어떤 이슈에 대해 후보자가 표명하는 이슈 입장은 무엇인가에 따라 선거 결과는 달라질 수 있다. 왜냐하면 이슈는 선거 결과에 영향을 미치는 가장 중요한 변수 중의 하나이기 때문이다. 따라서 득표 전략상 제일 먼저 고려해야 할 가장 중요한 요인 중의 하나가 흔히 선거 공약이라고 불리는 이슈인 것이다.
　선거기간 동안에 유권자들은 자기들이 당면한 여러 문제를 후보자 진영으로 가져간다. 왜냐하면 평상시에 잠재해 있던 문제도

선거라는 기제를 통하여 가시화(可視化)하기 쉽기 때문이다.

한편, 후보자는 유권자들로부터 득표 가능성이 높은 이슈를 찾아내기에 혈안이 되어 있다. 일반적으로 볼 때, 후보자들은 선거기간 동안에 자신에게 불리하지 않다고 판단하는 한, 그 어떠한 이슈라도 받아들일 자세가 되어 있고, 그것을 제기하여 이슈화시키려고 서로 경쟁한다. 왜냐하면 이슈는 곧 표인 까닭이다. 이슈는 선거를 통해 공직에 나아가려 하는 사람들에게 있어서 매우 귀중한 자산이다.

따라서 선거기간 동안에 선거 아젠다의 창문은 활짝 열리게 되며, 선거가 끝나면 또 다시 선거가 찾아올 때까지 그것은 굳게 닫히게 된다. 어떠한 문제를 공공 아젠다에 올려놓기 위한 가장 빠른 지름길은 선거 아젠다의 창문이 닫히기 전에 그 문제를 후보자들에게 가지고 가는 방법이다.

후보자들은 유권자들이 당면하고 있는 문제를 이슈화시킴으로써 공공 아젠다로 끌어내고 그에 대한 자신의 이슈 입장을 밝힘으로써, 그 이슈에 대한 이슈 임자로서의 확고한 위치를 차지하려 한다. 어떤 이슈에 대하여 어떤 후보가 가장 많은 관심을 가지고 있다는 사실을 유권자들이 믿게 되면, 유권자들은 그 이슈를 그 후보에게 귀속시킨다. 곧, 어떤 이슈에 관한 한 어떤 후보가 가장 잘 알고 있고 가장 잘 해결할 수 있다고 믿게 된다. 따라서 그 후보는 그 이슈의 이슈 임자로서 유권자들로부터 이슈 프레미엄을 얻는다. 예컨대, 그 이슈의 해결을 절실히 원하는 사람들은 그 후보에게 표를 던진다.

그렇기 때문에 후보자들은, 특히 선거기간 동안에 유권자들에게 어필할 수 있는 이슈를 찾아내는 데 온갖 정력을 다 쏟는다. 그리고 찾아낸 어떠한 이슈라도 이왕이면 제일 먼저 제기하려 하고, 계속하여 반복하고, 강조하려 한다. 곧, 후보자들은 유권자의 관심을 끌기 위하여 유권자들이 해결하기를 원하는 문제를 찾아내어 이슈화시키기 위하여 서로 경쟁한다. 그러한 경쟁에서 이겨야지만 그 이슈의 임자가 되어 이슈 프레미엄을 얻을 수 있는 까닭이다.

여러 가지 문제들은 후보자들에 의하여 걸러지고 이슈화된다. 어떠한 후보자든 자기에게 유리하다고 생각하는 이슈는 크게 쟁점화시킴으로써 이슈 임자로서의 프레미엄을 획득하려 할 것이다. 반면에, 자신에게 불리한 이슈는 피하려 할 것이다. 다시 말해서 후보자들 각각의 아젠다는 각 후보자의 이해득실에 비추어 여러 가지 불리한 이슈들이 걸러지고, 결국 자신에게 유리한 이슈들로만 구성된다.

그러나 모든 후보자들이 이와 같은 가정하에서 행동하기 때문에 후보 아젠다의 모음이라 할 수 있는 전체 선거 아젠다는 각 후보들에게 유리한 이슈와 불리한 이슈로 혼합되어 있을 것이다.

한편, 선거 아젠다는 다른 아젠다와 마찬가지로 아젠다 공간이 제한되어 있다. 따라서 후보들이 제기한 이슈들이 선거 아젠다 공간에 오르더라도 그것이 계속 공공의 관심을 받으면서 선거 아젠다 공간 속에 머무르기 위해서는 다른 이슈들과 경쟁을 하지 않으면 안된다. 곧, 제한된 아젠다 공간을 조금이라도 더 차지하기 위해서 후보자들은 이슈의 제기와 반응에 여러 가지 전략을 사용한다.

예컨대, 후보자들은 선거기간 동안에 자신에게 유리한 이슈는 크게 쟁점화하여 이슈 프레미엄을 최대한도로 확장시키려 할 것이고 불리한 이슈는 자신에게 유리하도록 이슈를 재정의함으로써 이슈 전환을 통하여 원래 제기한 이슈로부터 변질시키는 전략을 사용할 것이다.

이때 후보자들은 자신이 보유하고 있는 이슈들의 제기순위와 제기시점을 당시의 선거 일정이나 정치 일정에 비추어 가장 유리하도록 잡는다. 예컨대, 대통령 후보로 뽑는 전당대회는 자신에게 유리한 이슈를 이슈화시키기 가장 좋은 때이며, 일단 쟁점화된 이슈는 선거일 직전에 최대한도로 다시 확장시킴으로써 이슈 임자로서의 프레미엄을 최대한으로 획득할 수 있다.

지금까지 이야기한 것들은 선거 아젠다를 구성하는 이슈들을 사이에 두고 후보자와 유권자 사이에 나타나는 현상들에 관하여 간단하게 기술한 것으로서, 이슈 프레미엄 이론의 구성에 필요한 몇 가지 요소들을 내포하고 있다. 이로부터 이슈 프레미엄 이론의 기본적인 골격들을 정리하면 다음과 같다.

첫째 이슈는 이슈 프레미엄을 가진다. 선거과정에서 이슈는 후보자와 유권자를 매개해주는 역할을 담당한다. 곧, 이슈를 통해서 유권자는 후보자의 문제에 대한 관심 및 해결 능력 따위를 판단하며, 후보자는 이슈를 매개로 하여 유권자의 문제를 파악하고 쟁점화하며 지지를 획득한다.

둘째, 유권자는 합리적이라는 것을 가정한다. 여기에서 합리적이라는 말의 의미는 이슈를 둘러싼 이들의 행동이 이해득실을 고려하여 결정된다는 의미이다. 유권자는 후보자가 제기하는 선거 이슈를 보고 자기의 표에 대한 행방을 결정한다. 곧, 후보자 선택의 판단 기준으로서 사용되는 것이 후보자들이 제시한 선거 이슈들이다.

셋째, 후보자 역시 합리적이라는 것을 가정한다. 후보자가 이슈를 제시하는 이유는 이슈로부터 나오는 이슈 프레미엄 때문이다. 따라서 유권자로부터 지지를 얻어내기 위하여, 유권자들에게 어필할 수 있는 이슈를 찾아내고 제시하려고 한다. 따라서 어떤 문제든 유권자가 이슈화시키려고 한다면, 선거기간 동안에 후보자에게 가져감으로써 쉽게 이슈화시킬 수 있다.

넷째, 그러나 후보자들이 내놓은 이슈들로 구성되는 선거 아젠다 공간은 제한되어 있기 때문에 아젠다 공간을 차지하려는 이슈들의 경쟁은 필연적이다. 결국 선거 유세과정은 후보자들 사이의 이슈 프레미엄을 획득하기 위한 이슈 경쟁과정이며, 합리적인 이슈 전략만이 후보들의 득표에 도움이 된다.

다섯째, 선거과정에서 제기되는 이슈나 문제는 주어진 그대로의 것(a priori, or givens)이 아니라, 공공의 문제로 정의되는 것이다. 따라서 선거기간을 통하여 후보들은 각각 자기들에게 유리한 입장에서 문제를 계속 정의내리며, 이슈 논쟁에서 우위에 서려 한다. 그 결과 이슈는 처음 제기한 채로 남아 있지 않고 계속 변화한다. 곧, 이슈 논쟁과정 속에서 이슈는 확장되기도 하고 변질되기도 하며, 전환되기도 하고, 소멸되기도 한다.

이와 같은 이슈 프레미엄 이론에서, 선거기간 동안에 제기되는 선거 이슈에 관한 개념을 확장시키면, 미래에 대한 약속으로서의 이슈뿐만 아니라 과거의 업적이나 잘못, 후보자의 자질, 이념 성향, 성격 등도 이에 포함시킬 수 있다. 선거기간 동안에 논쟁거리로 등장하는 이들을 모두 이슈에 포함시킬 때, 이들 가운데 어떠한 것에 중점을 두는가에 따라 미래 약속 제시 이론, 선거에 관한 보상-처벌 이론, 후보자 특성 이론으로 나눌 수 있다. 한편 이슈와는 관련이 없는 투표행태에 관한 이론으로서 당선가능성을 고려하는 사표방지 이론과 기타 요인에 관한 이론이 있다.

2. 미래 약속 제시 이론 – 공공여론 이론과 책임정당 이론

미래 약속 제시 이론(promise theory)은 각 후보자들이 제시하는 이슈들이 앞으로의 약속을 얼마나 잘 제시해주며 달성될 수 있는가를 판단함으로써 유권자가 자신의 투표 행위를 결정한다는 이론이다. 곧, 후보자들이 제시하는 앞날의 청사진에 대한 판단이 투표행위를 결정하는 데 중요한 요인이라는 주장이다. 이 이론에 따르면, 국민들에게 얼마나 희망을 잘 심어주는가, 그리고 현재의 문제를 어떻게 얼마나 잘 해결해나갈 수 있는가에 대한 확신이 표와 연결된다고 보기 때문에, 후보자는 어떤 이슈에 대해 미래의 약속을 제시하는 것이 유리하다.

이 이론은 후보들이 미래의 약속을 제시할 때, 첫째, 공공여론의 흐름에 따라 그들의 이슈 입장(issue stands)이 바뀐다고 보는 공공여론 이론(public opinion theory of electoral competition)과 둘째, 정당이나 후보자가 여론과는 상관없이 중요한 이슈를 책임있게 제시하고 설득해야 한다는, 따라서 후보간의 이슈 입장에는 차이가 존재한다는 정당 견해 차이 이론(party cleavage theory)으로 나눌 수 있다.

공공여론 이론은 후보자가 국민들의 여론에 일치하는 이슈 입장을 취함으로써 많은 득표를 할 수 있으며, 투표인이나 후보자는 합리적이라고 가정하기 때문에 선거일이 가까워옴에 따라 후보자들의 이슈 입장에 대한 차이는 감소된다고 본다(<그림 1> 참조).

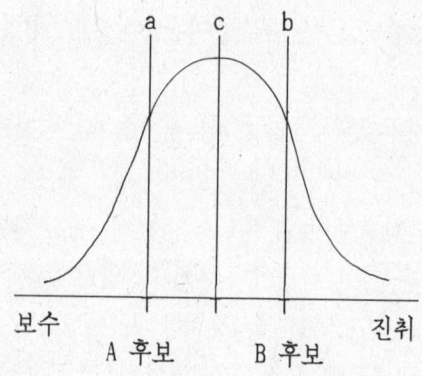

<그림 1> 공공여론 이론과 후보자의 이슈 입장

한편, 정당 견해 차이 이론은 각 정당이나 후보자는 그들이 표명하고 있는 특이한 입장-예컨대, 진보적 또는 보수적 입장-이 있으며, 이러한 입장 위에서 이슈를 제기하고 제기된 이슈에 대한 그들의 견해를 정리한다고 본다. 따라서 각 정당이나 후보자는 여론에 반응하기보다는 그들 나름대로의 독특한 목소리를 가지고 있으며, 여론을 이끌어나가는 데 있어서 주도적 역할을 하여야 할 책임이 있다고 본다. 곧, 이 이론은 유권자들이 정책 이

슈에 관하여 잘 모른다고 보기 때문에, 정당이나 후보자는 중요한 이슈를 제기하고 투표자들이 그들의 견해에 동조할 수 있도록 그들의 이슈 입장을 광고하고 설득하여야 한다. 따라서 이 이론은 책임정당 이론(responsible party theory)으로 불리기도 한다. 이 이론에 따른다면, 후보자들간의 이슈 입장의 차이는 선거일이 가까워옴에 따라 결코 감소되지 않는다(<그림 2> 참조).

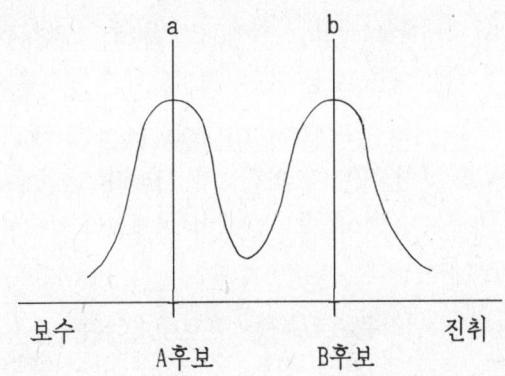

<그림 2> 정당 견해 차이 이론과 후보자의 이슈 입장

여론의 변화에 따라 후보자들이 표명하는 이슈 입장의 차이가 감소되든 않든간에, 미래에 초점을 둔 이슈들은 후보자들이 제시한 앞으로의 청사진에 대한 국민들의 판단이 투표행태를 결정한다는 득표전략 속에서 제기된다.

3. 선거에 관한 보상-처벌 이론

한편, 보상-처벌 이론과 관련되는 이슈들은 과거의 업적을 자랑하는 이슈와 과거의 비리나 잘못을 비난하는 이슈로 나누어진다. 과거의 업적을 자랑하는 이슈는 그 업적에 대한 보상으로서 득표를 기대하는 전략을 바탕으로 하여 제기되며, 상대 후보의 잘못을 비난하는 이슈는 상대 후보의 표를 깎아내리고 그 반사적인 이익을 기대하는 득표 전략에 기반을 두고 제시된다.

과거의 업적에 대한 보상 또는 처벌로서의 성격을 띠는 것이 선거라는 보상-처벌 이론(reward and punishment theory)은 미래의 약속에 대한 판단에 의해서가 아니라, 과거의 업적에 대한 회상적 판단에 의하여 선거 결과가 결정된다는 이론이다.

곧, 과거의 업적이 좋으면 집권당에 표를 던지지만, 그렇지 않으면 그에 대한 반작용으로 다른 후보에게 표를 던진다. 따라서 이 이론에 의하면, 집권당은 과거의 업적을 홍보하거나 선전할 수 있는 이슈를 제기하는 것이 유리하며, 상대 후보는 집권당의 실정(失政)을 이슈화하는 것이 유리하다.

이 이론은 엄격한 의미에서 볼 때, 이슈 프레미엄 이론에 속한다고 할 수는 없다. 왜냐하면 과거의 업적에 대한 보상 또는 처벌로서의 의미를 띠는 투표란, 엄격한 의미에 있어서의 미래에 대한 정책 대안의 제시가 아닌 까닭이다. 그러나 과거의 업적에 대한 보상 또는 처벌은 앞으로의 후보자에 대한 유권자들의 기대 심리를 전제로 한다는 점에서 이슈와 연결되어 있다. 곧, '과거에 일(정책)을 잘 했으니 앞으로도 잘 할 것이다' 또는 '과거에 잘못했으니, 다른 후보에게나 기대를 걸어보자'는 심리가 그 밑바닥에 깔려 있다. 따라서 정책 대안의 제시와 그에 대한 이해 득실을 따져서 투표의 향방을 결정짓는 것이 아니지만, 넓은 의미의 이슈프레미엄 이론에 넣어도 무방할 것이다. 후보자들의 미래의 약속보다도 과거의 업적과 실정을 판단 기준으로 유권자들이 있다면, 후보자들은 이들 유권자들을 겨냥하여 자신의 지난날의 업적을 홍보하거나, 상대 후보의 실정이나 잘못을 이슈화함으로써 이슈 프레미엄을 얻으려 한다.

4. 후보자 특성 이론

후보자 특성 이론(candidate's personality theory)은 유권자들이 이슈에 대한 평가보다는 후보자 개인의 매력이나 성격 등에 이끌리어 표를 던진다고 주장한다. 곧, 유권자들은 어떤 후보를 이슈 이외의 다른 요인 때문에 좋아하고, 그 후보자가 제기하는 이슈에 대하여는 자기의 이해관계에 특별히 저촉된다고 느끼지 않는 한 거의 무비판적으로 동조한다는 것이다.

제한적 의미에서의 후보자 특성 이론, 곧 비이슈적인 후보자의 특성들이 투표 행태에 영향을 미친다는 이론은 이슈가 득표에 많은 영향을 미친다는 유권자의 합리성에 바탕을 둔 이론들과는 반대되는 이론이기는 하다.

그러나 후보자의 특성은 후보자의 성격이나 매력 따위의 비이슈적인 것에 국한하지 않고 후보자의 경륜, 지식, 정책능력, 지도력 따위의 후보자 자질이나 능력에 관한 것, 출신 성분, 이념적 성향 따위의 후보자 자격 및 성향에 관한 것을 모두 포함한다.

이들 특성들은 직접적인 정책 대안을 제시하는 것은 아니지만, 실제적인 정책 수행이나 방향의 설정에 아주 밀접한 관련이 있다. 그렇기 때문에 어떤 유권자들은 정책 이슈보다도 이들을 더욱 중요시 여긴다. 곧, 정책 이슈에 대한 판단에 앞서 이러한 후보자의 특성들에 대한 판단이 더 중요하다고 생각하는 유권자들이 많이 있다.

따라서 이러한 유권자들을 대상으로 하여, 후보자들은 자신에게 유리한, 그리고 상대 후보에게 불리한 자질, 능력, 자격, 이념성향, 정직성, 도덕성 따위에 관한 것들을 이슈화한다.

실제로 선거 유세과정에서 후보자의 특성에 관한 많은 것들은 이슈로의 전환이 가능하며, 정책 이슈는 아니지만 이슈로 전환되어 많은 이슈 갈등을 보여주면서 유권자의 관심을 집중시킨다. 따라서 이들에 대한 논쟁이 투표행태에 미치는 영향은 넓은 의미의 이슈 프레미엄 이론에 의하여서도 설명될 수 있다.

이슈 정치학의 입장에서 본다면, 후보자는 유권자들에게 어필할 수 있는 개인적 자질과 자격 또는 인성을 돋보이게 하는 이슈를 내세우는 것이 유리하며, 이러한 의미에서 볼 때 후보자 특성 이론은 전혀 비합리적인 요소를 가지고 투표행태를 설명하는 이론은 아니다.

5. 사표방지 이론

 전체 선거 아젠다 공간에서 차지하는 후보자의 이슈 크기가 그 후보의 이슈 프레미엄을 결정하고 이슈 프레미엄에 따라 유권자의 표를 얻을 수 있다는 이슈 프레미엄 이론과는 달리, 이 이론은 유권자가 후보자의 당선 가능성에 주목하여, 아무리 그 후보의 이슈 입장에 찬성한다 하여도 그 후보가 떨어질 가능성이 높으면 그 후보에게 투표하지 아니하고 당선가능성이 있는 후보 가운데서 자신의 이슈 선호에 근접한 견해를 표명하는 후보를 골라 투표한다는 이론이다.
 곧, 후보자 선택에 있어서 이슈보다는 당선가능성을 우선시키는 이론이다. 이 이론은 유권자들이 합리적이기 때문에, 당선가능성이 없는 후보에게 투표함으로써 자신의 표가 사표(死票)가 되는 것을 원하지 않는다는 점을 가정한다. 따라서 이 이론에 따르면, 유권자는 당선가능성이 없는 후보에게는 아무리 중요한 이슈에 대한 이슈 입장이 같다고 해도 표를 던지지 않고 자신의 이슈 입장과 근접한 이슈 입장을 표명하는 당선가능성이 있는 다른 후보를 찾는다.
 이 이론은 이슈 프레미엄 이론이 설명하지 못하는 부분을 잘 설명해준다. 이런 점에서 볼 때, 이 이론은 이슈 프레미엄 이론을 부정한다기보다는 이슈 프레미엄 이론을 수정하게끔 제약을 가하는 이론이라 할 수 있다.

6. 비합리적 투표 이론-동조투표 이론 등

지금까지 논의한 이론들은 전부 다 유권자가 어느 정도 이상의 합리성을 가지고 있다는 것을 전제로 한다. 다시 말해서 유권자가 이슈를 보고 판단하든지, 과거의 업적을 보고 판단하든지, 후보자의 이념이나 자질 또는 성격을 보고 판단하든지, 아니면 후보자의 당선가능성을 보고 판단하든지간에, 그리고 그 판단이 옳든 그르든간에 일단 유권자는 합리적으로 판단한다는 것을 전제로 한다.

이런 이론들에 비추어보면, 선거는 유권자의 합리적 선택행위이다. 그러나 이러한 이론들이 많은 유권자들의 투표행태를 다 설명할 수 있는 것은 아니다. 많은 다른 유권자들은 합리적 판단을 전제로 하여 투표하는 것은 아니다. 예컨대, 가족이나 친구 또는 아는 사람이 ○○○를 찍는다고 하니까 그냥 그에게 투표하는 경우도 있고(동조투표: conformity voting), 왠지 그냥 어떤 후보의 인상이 좋아서 투표하는 경우도 있고, 같은 고향, 같은 학교, 같은 종교 또는 경제적인 배경이 같으니까 그에게 표를 던지는 수도 있다. 아니면 물품을 받거나 돈에 매수되어 표를 던지는 경우도 있다.

이러한 투표행태는 비합리적인 투표행태라 일컬을 수 있는데, 여기에서 가정할 수 있는 것은, 첫째, 유권자의 이슈에 대한 판단 능력이 약한 경우, 둘째, 설령 판단 능력이 있다 하더라도 판단하고 싶은 의욕이나 시간이 없는 경우, 셋째, 이슈에 대한 판단 능력도 있고 각각의 이슈에 대해 잘 알고 있으나 실제로 후보자들의 이슈 입장의 차이가 없는 경우, 곧 이슈 입장의 동질성 때문에 선택행위 자체가 큰 의미를 가지지 못하는 경우, 넷째 판단기준이 되는 이슈들이 여러 가지이기 때문에 선택하는 데 있어서 나타나는 갈등을 최소화하기 위한 방편으로 비합리적인 투표행태를 보이는 경우 등이다.

둘째 갈래
이슈 전략의 고려 요소

첫째 마디: 이슈
둘째 마디: 유권자의 특성과 생각
셋째 마디: 이슈 제기자의 자산(資産)
넷째 마디: 예상되는 이슈 반응
다섯째 마디: 시·공간적인 상황

이슈 전략의 목표는 표의 획득에 있다. 자신에게 유리한 이슈는 될 수 있는 한 확장시켜 가시성을 높이고 상대에게 유리한 이슈는 약화시켜서, 자신의 이슈 프레미엄을 최대한도로 끌어올리고 상대 후보의 이슈 프레미엄을 최소화시키는 데 이슈 전략의 요체(要諦)가 있다.

이슈 전략을 세우는 데 고려하여야 할 사항은 다섯 가지 요소로 나눌 수 있는데, 그것은 제기하는 이슈 자체와 유권자, 이슈 제기자, 이슈 반응자 및 이들을 둘러싼 시·공간적인 상황이다. 보다 효과적인 이슈 전략을 세우기 위하여는 이러한 다섯 가지 요소들을 종합적으로 고려하여야 하는데, 이들을 차례로 자세히 살펴보면 다음과 같다.

첫째 마디
이슈

　이슈 전략을 수립할 때, 가장 먼저 고려해야 할 점은 이슈가 가져다주는 이슈 프레미엄이다. 이슈 전략은 이슈 프레미엄을 가장 많이 얻기 위해서 선거기간 동안에 어떤 이슈를 언제 어떻게 제기할 것인가에 관한 것이다. 극단적으로 볼 때, 이슈 임자로서의 이슈 프레미엄을 얻을 수 없다면, 이슈를 제기할 이유가 없다. 따라서 어떤 이슈가 얼마만큼의 이슈 프레미엄을 가져다줄 수 있을 것인가는 이슈 전략의 수립에서 제일 먼저 고려해야 하는 사항이다.

　그렇다면 어떤 이슈를 언제 어떻게 제기할 것인가? 이슈 전략의 수립에 있어서 가장 핵심적인 부분이라 할 수 있는 이슈 제기시점과 이슈 제기방법의 결정에 영향을 미치는 요인들 가운데 하나가 이슈 자체에 관한 정보이다.[1] 따라서 효과적인 이슈 전

---

1) 선거기간에 비추어 어떤 이슈를 언제 제기할 것인가는 이슈에 관한 정보 이외에도 이슈 제기자의 능력, 다른 후보자 및 유권자의 반응, 선거기간 동안에 예측되는 여러 사건들 따위를 종합적으로 고려하여

략을 수립하려면 자신이 보유하고 있는 자산(資產)으로서의 이슈 뿐만 아니라 상대 후보들이 가지고 있는 이슈들에 대한 포괄적인 평가 정보가 요구된다. 곧, 자신이 제기할 수 있는 이슈의 수, 이슈 프레미엄과 관련된 각 이슈들의 성격, 이슈 정의방법, 이슈들 사이의 관계, 이슈 주기 따위는 이슈 전략을 짜는 데 있어서 고려해야 하는 아주 중요한 요인들이다. 이들을 차례로 살펴보면 다음과 같다.

1. 이슈의 수

이슈 자체는 이슈 전략을 짜기 위한 기초 재료이다. 만약 자신이 제기할 수 있는 이슈의 수가 적다면, 이슈 전략을 짜기에 앞서서 이슈 찾기(issue seeking)부터 해야 할는지 모른다.

만약 자신이 제기할 수 있는 이슈의 수가 많은 경우에는 어떤 이슈를 우선적으로 이슈화시킬 것인가를 결정해야 하는데, 이때 고려해야 할 첫번째 기준은 각 이슈가 가져다줄 것으로 예상되는 이슈 프레미엄이다. 이슈를 제기함으로써 얻을 수 있는 이슈 프레미엄의 정도를 고려하여 어떤 이슈에 자신의 정력과 시간을 집중시킬 것인가를 결정하여야 한다. 그러기 위해서는 자신이 제

결정될 것이지만, 유권자의 생각이나 반응, 이슈 제기자의 이슈 제기 능력, 상대 후보자의 이슈 전략, 선거기간 동안 진행되는 정치일정 따위는 각각 다음의 둘째, 셋째, 넷째, 다섯째 마디에서 논의할 것이므로 여기에서는 제기되는 이슈 자체에 관하여 논의 범위를 한정시킨다.

기할 수 있는 이슈들의 성격, 이슈 정의방법 및 이슈와 이슈의 관계에 관한 분석이 선행되어야 한다.

이슈 자체가 가지고 있는 성격에 따라서 이슈 프레미엄의 정도, 이슈의 전파속도, 이슈의 제기시 사용될 상징 따위가 결정되는 까닭이다.

2. 이슈 자체의 성격

선거기간 동안에 제기되는 이슈는 각각 여러 가지 성격을 지닌다. 과학적 이슈 전략을 세우는 데 반드시 고려해야 할 이슈의 성격들을 몇 가지로 나누어 살펴보면, 구체성, 사회적 중요성, 시간적 관련성, 복합성, 범주적 선례, 현저성, 규범성, 전파가능성, 침투가능성, 유행가능성, 이해가능성 따위를 들 수 있다. 이들을 구체적으로 살펴보면 다음과 같다.

1) 구체성(specificity)

이슈가 얼마나 구체적으로 또는 추상적으로 정의되는가에 관한 것이다. 따라서 어떤 이슈든 정의내용이나 정의방법에 따라 구체성의 정도가 달라진다. 이슈를 제기하고 재제기하는 데 있어서 구체적인 목표를 어느 정도로 나타낼 것인가를 결정하는 것은 전적으로 이슈 제기자의 이슈 전략에 달려 있다.

이 특성은 유권자들에 대한 이슈의 설득력과 전파가능성에 밀접히 관련된다. 일반적으로 정책적 이슈의 경우 이슈가 구체화되면 될수록 그 설득력은 높아지나 청중의 수는 제한되는 경향이 있고, 추상화될수록 그 설득력은 약화되나 청중의 수는 확대되는 경향이 있다. 예컨대 단순히 교통문제의 해결만을 주장하면 전국의 유권자로 그 대상이 확대되나 설득력이 약해지고, 제주 순환도로 건설, 남해 고속도로 건설 등 보다 구체화되면 관심을 가지는 유권자의 수는 제한되며 그 설득력은 높아진다.

2) 사회적 중요성(social significance)

이 특성은 이슈가 이슈 논쟁자들에게만 독특한 것인가, 아니면 보다 일반화된 중요성을 띠는가에 관한 것이다. 예컨대, 선거법 개정에 관한 이슈는 유권자들보다는 이슈 논쟁자인 후보자들에게 그 중요성이 더 큰 것이고, 체제 이슈는 유권자들 전체에 해당하는 일반화된 사회적 중요성이 훨씬 큰 이슈이다.

사회적 중요성은 이슈의 영향과 밀접한 관련이 있다. 이슈의 영향은 잠재적으로 영향을 받을 수 있는 사람의 수라고 할 수 있다. 영향을 받는 사람이 많으면 많을수록 이슈의 확산과정에 적극적으로 참가하고자 하는 사람들이 많아질 것이다. 따라서 후보자는 사회적 중요성이 적은 이슈보다는 큰 이슈를 선호하는 것이 이슈 프레미엄 이론상 당연하며, 이슈 전략에 있어서 사회적 중요성을 고려하여야 함도 당연하다.

사회적 중요성의 정도는 그 이슈에 대한 해결책으로 나타나게 될 잠재적 정책 프로그램에 관련된 돈의 액수로 측정되든가, 그 프로그램이 시행될 경우 영향을 받는 사람들의 수에 의하여 측정될 수 있다. 예컨대, 축산업자들이 정부 보조금을 받는 것은 빈곤정책보다는 사회적 중요성이 덜한 것으로 간주될 것이다.

3) 시간적 관련성(temporal relevance)
이슈화되는 문제가 짧은 기간 동안 그 당시의 상황에 따라 우연히 나타나는 것인가, 아니면 보다 지속적으로 그리고 기본적인 것으로 나타나는 것인가에 관한 것이다.

4) 복합성(compexity)
이슈가 얼마나 고도로 복잡하고 기술적인가의 정도에 관한 특성이다. 예컨대, 특수 계층의 근로자들의 최저임금 인상에 관한 이슈는 비교적 단순한 이슈이나, 자연보호 운동집단들이 살충제 사용 한계를 규정하고사 하는 이슈는 보다 기술적인 이슈이다. 아주 복잡하고 기술적인 이슈는 극히 소수의 전문가만이 이해할 수 있는 이슈라고 할 수 있다.
일반적으로 복합성이 강한 이슈는 전파범위가 제한되며, 단순성이 강한 이슈는 전파범위가 넓다. 따라서 대체적으로 후보자들은 복합적이지 않은 이슈를 선호한다. 어떤 이슈가 복합적인 이슈인 경우에도 이를 추상화시켜 보다 큰 단위의 이슈로 제시하는 이슈 전략을 채택하는 것이 이슈 전략상 효과적이다.
이 특성은 그 이슈에 대한 정책이 집행될 경우 요구되는 사람들의 수, 또는 관련 정부 부서의 수에 의하여 측정될 수 있다. 또는 이슈 갈등에 대해 참여자들이 이해하는 정도나, 이슈 논쟁에 적극적으로 참여하는 고급학위(석사 및 박사학위)를 가진 사람들의 수 따위에 의해서도 측정될 수 있다.

5) 범주적 선례(categorical precedence)

다소간 명백한 선례가 있기 때문에 그 해결에 필요한 절차 등이 어느 정도 정해져 있는지, 아니면 선례가 없는 특수한 문제라서 그 해결에 새로운 절차나 방법들이 필요한 것인지에 관한 것이다. 예컨대, 노사문제는 선례가 많고 그 해결 절차가 어느 정도 표준화되어 있다. 즉, 제안-반대-타협, 또는 위협(threat)-반위협(counter-threat)-중재(arbitration) 등으로 표준화된 절차가 존재한다. 이러한 선례의 존재 여부는 이슈 갈등의 해결에 도움이 될 뿐만 아니라, 이슈 전략의 수립에 관한 많은 정보를 제공해주는 까닭에 이슈 전략상 고려해야 하는 주요 요인이다.

범주적 선례는 과거에 존재했던 비슷한 이슈의 수, 정책 수행에서의 성공 정도, 이전에 정책 프로그램이 집행된 빈도수, 이슈 논쟁자와 관련 의사 결정자들의 선례에 대한 지식 정도 등에 의하여 측정될 수 있다.

6) 현저성(salience)

주위 환경과의 관계 속에서 나타나는 이슈의 가시성의 정도에 관한 특성이다. 이슈의 현저성은 이슈 제기자가 누구인가에 따라서 달라질 수도 있고, 이슈 자체가 가지고 있는 성격들, 곧 유행가능성이나 이해가능성 따위에 의하여 영향을 받는다.

일반적으로 볼 때, 현저성이 강한 이슈는 전파가능성이 높고 침투가능성이 높다. 따라서 현저성이 높은 이슈는 이슈 프레미엄이 크게 부여되는 이슈라 할 수 있고 후보자들이 가장 선호하는 이슈이다.

7) 규범성(normativeness)

이것은 이슈의 내용이 유권자의 가치나 윤리에 바탕을 둔 것인지, 아니면 실제적인 사실에 바탕을 둔 것인지에 관한 것이다. 규범성은 구체적인 정책 대안보다는 유권자들의 윤리 감각에 호소하는 명분적 이슈에 강하게 나타나며, 사실성은 유권자의 실리에 호소하면서 정책 대안을 구체화시킬 수 있는 정책 이슈에 많이 나타난다. 그러나 규범적인 이슈라 하여 반드시 추상적인 이슈는 아니며, 사실적인 이슈라 하여 반드시 구체적인 것은 아니다. 곧, 규범성과 사실성의 대비가 추상성과 구체성의 대비에 일치하는 것은 아니다.

어떤 이슈에 있어서 규범성의 정도가 그 이슈 자체에 고정되어 있는 것은 물론 아니다. 하나의 이슈는 규범적 성격과 함께 사실적 성격을 동시에 지니고 있다. 따라서 이슈의 제기자가 이들 성격 중 언제 어느 것을 강조하느냐에 따라 어떤 때는 그 이슈의 성격이 띠고 있는 규범적인 성격의 정도가 뚜렷해지고 어떤 때는 사실적 성격이 뚜렷해진다.

이슈가 지니고 있는 규범성과 사실성은 이슈의 설득력을 높여주는 데 있어서 상호 보완적인 역할을 한다. 실제로 어떤 이슈의 규범적인 성격만 강조하다 보면 비현실적인 이상론자가 되기 쉽고, 사실적인 성격만 강조하다 보면 지엽적인 현실안주론자의 인상을 심어줄 염려가 있다. 따라서 이슈가 가지는 규범성과 사실성을 어떻게 어느 정도로 조화시켜가면서 제시하느냐 하는 것은 이슈 전략 수립시 고려되어야 하는 요소이다.

8) 전파가능성(dissemination)

이슈가 전달되는 유권자층의 범위에 관한 것이다. 어떤 이슈는 세인의 관심을 끌면서 전국적으로 쉽게 퍼지고 어떤 이슈는 전혀 그러하지 못하다.

이 특성은 유권자의 이해관계와 밀접하게 관련되어 있다. 전체 유권자의 이해관계와 깊은 관련이 있는 이슈는 전파가능성이 높다고 할 수 있다. 따라서 이슈를 정의하거나 재정의할 때, 전체 유권자의 이슈로 정의내리는 것은 이슈의 전파가능성을 높이려 할 때 사용하는 이슈 전략이다.

한편, 유권자의 이해관계와는 상관없는 데도 불구하고, 전파가능성이 높은 이슈가 있다. 예컨대, 후보 자격에 관한 이슈에서 나타나는 후보와 관련된 스캔들이나 공개되지 않은 정치적 비화에 관한 이슈들이 그러하다.

이런 점에서 볼 때 이슈의 내용상 국민의 인기를 끌 가능성에 대한 판단 및 이해관계가 걸려져 있는 유권자층에 대한 범위를 이슈 전략 수립시 고려해야 할 것은 당연하다.

9) 침투가능성(pervasiveness)

이슈가 인식되는 정도, 곧 이슈의 강도에 관한 것이다. 일반적으로 이슈의 침투가능성은 그 이슈에 의하여 영향을 받는 유권자층의 이해관계의 강도에 따라 결정된다. 특히, 유권자들은 자신에게 새로이 이익을 주는 이슈보다는 손실을 주는 이슈에 더욱 민감하게 반응하는 경향이 있다. 곧, 투표 행태에 있어서 자신에게 이익을 주는 이슈를 제기한 후보에게 투표한다고 하기보다는 손해를 주는 이슈를 제시하는 후보에게 반대하는 경향이 더욱 강하다.

따라서 선거 아젠다 구성상의 특징 중의 하나는 기득 이익을 감소시키는 이슈가 거의 나타나지 않으며-기득 이익을 감소시킨다고 해도, 그런 이슈는 추상적 수준에서 또는 규범적 성격을 띠고 제기되는 경우가 보통이다-선심성 이슈 경쟁이 뚜렷하게 나타난다는 점이다.

10) 유행가능성(prevalence)

이슈가 제기되는 경우, 국민들에게 인기(popularity)를 끌어 어느 정도로 유행할 수 있느냐 여부에 관한 속성이다. 이슈에 따라서는 시간적으로 선거기간 내내 지속될 수 있는 것이 있는가 하면, 한두번 제기되고 일과성으로 끝나버리는 것도 있다. 일반적으로 볼 때, 유행가능성이 높은 이슈는 전파가능성도 높다고 할 수 있으나 전파가능성이 높다고 유행가능성이 높은 것은 아니다.

이 특성은 무엇보다도 그 당시의 정치, 경제, 사회적 배경과 관련된다. 문제는 어떤 이슈의 유행가능성이 높다고 했을 때 그 이슈를 어떻게 자신의 이슈로 만들 수 있는가에 있다.

11) 이해가능성(comprehensibility)

이것은 이슈의 내용에 대해 유권자들이 얼마나 정확하게 이해할 수 있는가에 관한 것인데, 다른 말로 하면 이슈의 난이도에 관한 것이라 할 수 있다. 곧, 어떤 이슈는 쉽고, 어떤 이슈는 어렵다. 쉬운 이슈는 유권자들이 쉽게 받아들일 수 있고, 어려운 이슈는 쉽게 받아들이지 못한다. 이와 같은 점에서 볼 때, 이해가능성은 이슈의 전파가능성이나 침투가능성에 많은 영향을 미친다.

일반적으로 복합성이 강한 이슈는 어려운 이슈이고, 단순성이 강한 이슈는 쉬운 이슈이다. 그러나 보다 본질적인 것은 이슈를 어떻게 정의하는가에 따라 이해가능성의 정도가 달라진다. 따라서 후보자들은 이슈를 제기할 때 유권자들이 쉽게 받아들일 수 있는 방법을 택하여야 한다.

지금까지 살펴본 이슈들의 특성들은 서로서로 영향을 미치기도 하고, 비슷한 개념으로 혼동되어 사용되기도 하지만, 약간씩 그 보는 기준을 달리하여 정의되는 까닭에 서로 일치하지는 않는다. 단지 일반적으로 말할 수 있는 것은 이슈 제기자인 후보자들은 현저성이 높은 이슈, 전파가능성이 높은 이슈, 이해가능성이 높은 이슈, 침투가능성이 높은 이슈, 유행가능성이 높은 이슈, 사회적 중요성이 높은 이슈, 시간적 관련성이 높은 이슈, 복합성이 낮은 이슈, 범주적 선례가 많은 이슈를 선호한다고 할 수 있으며, 이들 성질들의 높낮이는 이슈 정의 기법(技法)에 의하여 어느 정도 의도적으로 바꿀 수 있다는 것이다.

이러한 이슈의 성격들은 각 이슈 속에서 복합적으로 혼재되어 나타나고, 어떤 이슈에 있어서는 야누스의 얼굴처럼 서로 반대되는 두 가지 성격을 동시에 가지기도 하며, 이슈 정의 기법에 따라 변동시킬 수도 있는 것이긴 하지만 그 변화의 폭은 이슈마다 모두 다르다. 곧, 어떤 이슈는 이슈 (재)정의에 따라 완전히 탈을 바꾸어버리기도 하고, 어떤 이슈는 소폭의 변장만이 가능하기도 하다. 따라서 '각각의 이슈가 가지는 나름대로의 성격 때문에 어떤 이슈는 어떤 후보에게 유리하고, 어떤 이슈는 어떤 후보에게 불리한 것이 어느 정도 결정된다'는 말은 이러한 이슈 성격의 변동 폭을 고려할 때에만 가능하다.

 이와 같은 관점에서 볼 때, 이슈 자체의 성격에 따라 이슈가 누구에게 유리하고 불리한지가 어느 정도 미리 결정된다고 할 수 있다. 따라서 이슈 제기자는 자신에게 유리한 이슈가 무엇인지를 잘 찾아내어 그러한 이슈를 제기함으로써 이슈 제기에 드는 비용을 절약하면서도 더 큰 효과를 얻을 수 있고, 자신에게 불리한 이슈는 상대방이 제기하는 경우 어떻게 대응할 것인지를 미리 예상하여 그 대책을 세워놓을 수 있다는 점에서 이슈 전략 상의 의미를 가진다.

3. 이슈의 정의방법

 아젠다 짜임과정은 이슈가 정의되어가는 과정이다. 곧, 선거기간 동안의 선거 유세과정은 후보자들이 자신에게 유리한 이슈를 제기하고, 불리한 이슈는 자기 자신에게 유리하도록 재정의내리는 과정이다. 이슈는 선거기간 동안 처음의 이슈 제기자가 정의한 대로 남아 있는 것은 아니다. 선거기간 동안에 이슈는 이슈 제기자와 반응자 사이의 논쟁을 통하여 여러 번 재정의되기도 하고 전혀 다른 이슈로 바뀌기도 한다. 따라서 이슈 자체의 내용은 이슈 제기자가 어떻게 정의하는가에 따라 계속 달라지며, 이슈 내용이 바뀜에 따라 이슈가 제기될 때 가졌던 성격도 변동된다.

 예컨대, 이슈 정의 및 재정의에 의하여 규범적 이슈를 사실적 이슈로 변질시킬 수도 있고, 사실적 이슈를 규범적 이슈로 변질시킬 수도 있다. 또한 이해하기 어려운 이슈도 이해하기 쉬운 이슈로 바꿀 수 있고, 추상적 이슈도 구체적 이슈로 정의내릴 수 있으며, 때에 따라서는 구체적 이슈를 추상적으로 얼버무릴 수도 있다. 이에 따라서 이슈는 사회적 중요성이 높아지기도 하고 유행가능성이 높아지기도 하며, 전파가능성이나 침투가능성을 높일 수도 있다.

 어느 정도의 변화 폭은 있으나, 이슈의 성격은 그 이슈를 어떻게 정의하느냐에 따라 달라진다는 점은 앞에서 이슈의 성격을 여러 가지로 분류·논의하면서 지적하였다. 따라서 이슈 정의방법은 이슈 전략에 있어서 가장 본질적인 것이라 할 수 있다. 곧, 자신에게 유리한 이슈는 계속 반복하여 정의함으로써 그 이슈의 이슈 프레미엄을 확실하게 자기 것으로 확보하여야 하며, 불리한 이슈는 자신에게 유리하도록 보다 강력한 상징을 사용하여 반복해서 새롭게 정의함으로써 자신의 이슈로 만들던지, 아니면 상대방의 이슈를 무력화시켜야 한다.

 예컨대, 제13대 대통령 선거에서의 인권 이슈 및 언론 탄압 이슈는 야당 후보였던 김영삼 후보의 이슈로 제기되었으나, 여당 후보인 노태우 후보가 이 이슈를 계속 반복하여 재정의함으로써 김영삼 후보의 이슈 프레미엄을 약화시키고 노태우 후보의 이슈로 만들어버린 이슈 탈취전략이 성공한 사례를 들 수 있다.

　이슈를 정의하거나 재정의할 때 고려해야 할 가장 중요한 요인은 이슈 상징의 사용에 관한 것이다. 이슈 상징의 효과적인 사용은 이슈의 전파속도 및 이슈에 대한 인상을 심어주기 때문에 제기하는 이슈가 가상하는 유권자층의 범위 및 성격을 고려하여 이슈 전략을 세워야 한다.

4. 이슈와 이슈의 관계

　이슈와 이슈의 관계는, 구조적으로 볼 때 이슈와 아래 이슈로 연결되며, 내용적으로 볼 때 이슈 정의 및 재정의를 통하여 서로 연계된다. 따라서 이슈 구조에 관한 정보, 곧 이슈와 아래 이슈의 관계에 대한 분석 결과는 이슈 전략, 특히 이슈 모방전략이나 이슈 확장전략을 세우는 데 유용하게 쓰일 수 있고, 이슈 내용에 따른 이슈들의 관계는 이슈 연계전략에서 유용하게 쓰일 수 있다.

　한편, 구조상으로나 내용상으로 서로 연결되지 않는 이슈라 하더라도 제한된 아젠다 공간이라는 관점에서 보면, 이슈들은 서로 아젠다 공간을 차지하기 위해 경쟁적인 관계에 있다. 이슈 경쟁(issue competition)이라는 관점에서의 이슈와 이슈의 관계 역시 이슈 전략상 매우 중요하게 고려되어야 하는 요소이다. 예컨대, 상대 후보의 이슈를 무력화시키기 위한 한 가지 방법으로서 상대방 후보의 이슈와는 전혀 다른, 그러나 훨씬 국민의 관심을 집중시킬 수 있는 이슈를 제기하는 방법은 선거과정에서 흔히 볼 수 있는 이슈 경쟁을 이용한 이슈 전략이다.

5. 이슈 주기

이슈는 이슈로서 나름대로의 생명력이 있다. 곧, 이슈는 태어나서 성장과정을 거쳐 전성기에 이르렀다가, 점점 쇠약해지고 결국 소멸된다. 이를 각각 이슈의 탄생기, 성장기, 전성기, 쇠퇴기, 소멸기라 이름짓고(<그림 3> 참조), 이들이 선거 전략에서 가지는 의미를 논의하면 다음과 같다.

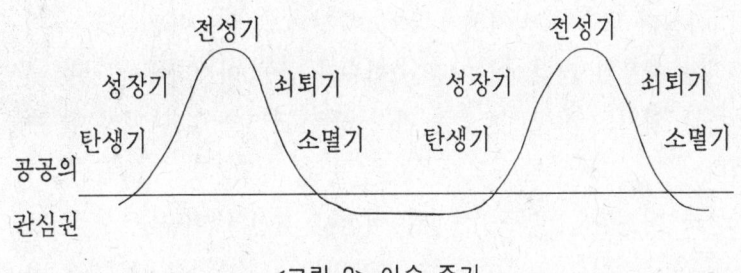

<그림 3> 이슈 주기

이슈의 탄생기에는 이슈 제기자가 산모 역할을 한다. 이때의 이슈 제기자는 사람일 수도 있고 사건일 수도 있다. 선거 전략에서 이슈의 탄생이 가지는 의미는 이슈 제기자의 이해관계와 밀접한 관련이 있다. 곧, 이슈 제기자는 이슈를 제기함으로써 이슈 프레미엄을 얻을 수 있다는 것을 가정한다.

더욱이 처음으로 이슈를 제기한 사람은 유권자들에게 이슈 임자라는 인상을 심어주기에 유리한 위치에 있기 때문에 '첫 이슈 낸 이 되기 전략'은 이슈 제기 전략상 매우 중요하다.

이슈의 성장기는 이슈에 대한 공공의 관심이 점차로 증가하기 시작하는 단계로서, 이에는 이슈 제기자의 노력뿐만 아니라 '이슈 따르는 이'[同調者]와 그 이슈를 증폭시킬 수 있는 여러 환경적 요인들이 작용하는 것이 보통이다. 그러나 이슈 자체는 일단 제기되면, 이슈에 따라 생명력이 다르긴 하지만 자연히 성장하려는 방향으로 움직이는 경향이 있다. 따라서 이슈가 제기되면 그 성장하려는 힘을 이용하여 이슈를 크게 확장하는 것이 이슈 전략의 입장에서 볼 때 유리하다.

이슈의 전성기는 이슈가 공공의 관심을 가장 많이 받는 때이며, 아젠다 공간을 차지하기 위한 이슈 경쟁에서 이긴 결과로 나타나는 경우가 많다. 이 기간은 이슈가 공공 아젠다에서 정부 아젠다로 위치를 바꿀 수 있는 가장 좋은 조건을 갖춘 때라 할 수 있다.

선거 아젠다의 경우, 선거일 직전에 자신의 이슈를 전성기로 끌어올리는 이슈 전략이 이슈 프레미엄을 확대하는 데 가장 유리하다.

이슈의 쇠퇴기는 이슈에 대한 공중의 관심이 점차 멀어져가는 시기이며, 보통 경쟁적인 다른 이슈가 나타나는 경우가 많다. 그러나 경쟁적인 이슈가 나타나지 아니하더라도 어느 정도의 기간이 지나면 이슈는 자연히 공공의 관심에서 멀어지게 되고 쇠퇴 과정을 밟는다.

따라서 이 기간은 이슈 전략상 두 가지 의미를 가진다. 하나는 상대방의 이슈가 전성기에서 쇠퇴기에 접어들 때를 자신의 이슈 제기 시점으로 잡음으로써 힘 안 들이고 자신의 이슈를 확장시킬 수 있다는 이슈 전략상의 의미이다. 다른 하나는 보다 큰 관심을 끌 수 있는 자신의 이슈를 보다 강렬하게 제기함으로써 전성기에 있는 상대방의 이슈를 쇠퇴기로 끌어내려 약화시키는 전략을 생각할 수 있다.

한편, 상대방이 이런 전략을 사용했을 때 무리하게 많은 자원을 투입하여 쇠퇴기에 들어선 자신의 이슈를 재생시키려 하는 것은 잘못하면 후보가 가지고 있는 자원만 낭비할 가능성이 높다. 만약 재생시킬 수만 있다면, 그래서 상대방의 새로운 이슈 확장을 처음부터 저지할 수만 있다면 자원의 낭비가 아니겠지만, 이슈 임자가 가지는 자원 — 돈, 관심, 정력, 정보, 조직 — 은 제한되어 있기 때문에, 재생이 어려운 경우 아예 자신에게 유리한 또 다른 새로운 이슈에 자원을 투입하는 편이 자원의 효용이라는 점에서 더 낫다. 그러다가 상대방의 이슈가 쇠퇴기에 들어갈 무렵, 또는 어떤 계기가 생기는 경우, 예컨대 자신의 이슈와 관련된 사건이 터진다든지 하여 이슈 제기에 유리한 상황이 조성되면, 그때 자신의 이슈를 다시 재생하는 전략이 필요하다.

이슈의 소멸기는 이슈에 대한 공공의 관심이 없어진 단계인데, 그 이슈가 해결되었든지, 아니면 너무 오랫동안 질질 끌어 공중이 싫증을 느낌으로써, 다른 이슈로 관심을 돌리는 경우에 나타난다.

그러나 이슈가 완전히 소멸되는 경우는 거의 없다. 이슈의 소멸은 <그림 3>이 보여주듯 단지 잠정적으로 공공의 관심권 밖에서 머물고 있음을 의미한다. 곧, 그 이슈와 관련된 어떤 사건이 발생하든지 정책꾼이 다시 관심을 보이기 시작하면 그 이슈는 다시 재생되며 성장기, 전성기, 쇠퇴기, 소멸기를 거치게 된다.

선거기간 동안의 이슈 제기는 국민들의 관심과 에너지를 집중시킬 수 있기 때문에 후보들에 의하여 어떤 이슈든지 일단은 이슈화시킬 수 있다. 곧, 선거기간 동안에 제기되는 이슈는 다른 때에 비해서 공공의 관심을 끌기가 쉽기 때문에, 후보자가 마음만 먹는다면 어떤 문제든지 이슈화시키기가 비교적 용이하다.

그러나 그 이슈를 계속 확장시켜 선거일 직전에 전성기에 이르도록 하기는 쉽지 않다. 왜냐면 아젠다 공간은 제한되어 있고, 그 제한된 이슈 공간을 조금이라도 더 차지하기 위해서는 다른 여러 경쟁적 이슈들과 이슈 경쟁을 하여야 하기 때문이다.

이슈 주기론적 관점에 비추어본다면, 이슈가 제기된 후 선거일까지 이슈를 최대한 확장시키는 것이 득표에 유리할 것은 자명하다. 그러기 위해서는 투표일 직전에 자신의 이슈가 전성기에 도달할 수 있도록 이슈 제기 또는 재제기 시점을 잡음으로써 선거 직전에 자신의 이슈가 유권자들로부터 최고도의 관심을 받을 수 있도록 이슈 주기 전략을 수립하여야 할 것이다. 만약 이러한 이슈 주기 전략이 성공한다면, 그 후보는 다른 후보보다 더 많은 득표를 할 수 있을 것이다. 왜냐하면 이슈 주기론적 선거 전략의 입장에서 볼 때, 선거 직전에 자신의 이슈를 최대한도로 확장시키는 데 성공한 후보가 실패한 후보보다는 더 많은 프레미엄을 획득할 수 있기 때문이다.

둘째 마디
유권자의 특성과 생각

    이슈 전략을 세우는 데 있어서 고려해야 할 또 하나의 중요한 요인은 유권자이다. 유권자들의 특성 및 그들의 생각은 이슈 전략 수립에 있어서 매우 중요하다. 곧, 어떤 층의 유권자들이 어떤 이슈에 대해서 어떻게 생각하는가가 반드시 고려되어야 한다. 만약 이러한 것들을 고려하지 아니하고 이슈 전략을 세운다면 그 이슈 전략은 실패할 것이다.
    유권자의 특성 가운데 중요한 것은 유권자들을 여러 층으로 분류하는 데 사용되는 인구학적 기준들에 관한 것으로서, 나이, 성별, 직업, 종교, 학력, 경제력, 출신지역, 거주지역 따위이다. 이러한 특성들이 중요시되는 것은 이들 특성에 따라 분류된 유권자층의 견해나 이슈 입장이 서로 다를 수 있다는 가정 때문이다.
    따라서 이슈 전략을 세우기 위해서 그 다음으로 알아내야 하는 것은 유권자들의 생각이다. 유권자들의 생각은 다음과 같이 단계적으로 분류할 수 있다(<표 1> 참조).

<표 1> 이슈 전략의 요소: 유권자의 특성 및 유권자의 생각

---

1. 유권자의 특성: 나이/성별/직업/종교/학력/경제력/출신지역
   /거주지역
2. 투표에의 참여 여부: 참여/기권/미정

3. 지지자 결정 여부: 결정/미결정

4. 지지자 결정에 영향을 미치는 요인:
   공약/업적/정직성/당선가능성/지연/기타

5. 이슈에 대한 생각
   5.1 중요하다고 보는 이슈
   5.2 투표에 영향을 주는 이슈
   5.3 각각의 이슈에 대한 생각
   5.4 갈등적 이슈들간의 관계에 대한 입장

6. 인성에 대한 생각
   6.1 자질 및 능력에 대한 생각: 지식/경륜/통솔력
       /선견지명/정책 능력
   6.2 성품에 대한 생각: 도덕성/정직성/책임성

첫째, 투표에 참여할 것인지 아닌지에 관한 것이다. 투표에 참여하지 않는 층보다는 참여하는 층이 관심을 표명하는 이슈나 이슈 입장을 따르는 것이 후보자의 득표에 훨씬 유리할 것이다.

둘째, 지지자를 결정하였는지 여부에 관한 것이다. 유권자가 이미 지지자를 결정하고 있는가, 아니면 미결정 상태에 있는가는 득표 전략이라는 관점에서 봤을 때, 전자가 고정표를 형성하고 후자는 부동표를 형성한다는 점에서 매우 중요하다. 득표 전략이란 유권자의 표가 고정표인가 부동표인가에 따라 달라지는 까닭

이다.

 셋째, 후보에게 표를 던질 때 고려하는 요인에 관한 것이다. 이 때 고려하는 요인을 규명하는 이론들이 이슈 프레미엄 이론, 선거에 관한 보상-처벌 이론, 후보자 특성 이론, 사표방지 이론 따위이다. 곧, 이슈를 보고 동감하기 때문에 표를 던지는 경우도 있고, 과거의 업적이나 잘못 때문에 표의 향방을 결정하는 경우도 있고, 지연이나 학연 때문에 표를 던지는 사람도 있으며, 어떤 경우에는 그 후보의 머리모양 때문에 표를 던지는 사람도 있으며, 당선가능성을 보고 표를 던지는 사람도 있다.

 넷째, 유권자들의 이슈 입장이다. 어떤 이슈에 대하여 어떻게 생각하는가에 관한 것이다. 중요하다고 여기는 이슈에 대한 유권자들의 이슈 입장이 어떻게 분포되어 있는가에 따라 후보자는 자신의 이슈 입장을 조절할 필요가 있다. 이런 현상을 설명하는 이론이 공공여론 이론과 책임정당 이론이며 이슈 전략은 이러한 이론들에 기반을 두고 형성된다. 예컨대, 유권자가 생각하는 문제나 욕구를 기반으로 하여 이슈를 제기하는 전략은 공공여론 이론에 근거를 둔 것이고, 후보자가 중요하다고 생각하는 이슈를 제기하여 유권자들에게 널리 전파시키고, 자신의 이슈 입장과 같은 견해를 가질 수 있도록 만드는 전략은 책임정당 이론에 근거한 것이다.

 다섯째, 후보 인성에 관한 것이다. 후보들의 지식, 경륜, 통솔력, 정책 능력 등 국정 수행 능력에 대한 의견 및 후보들의 도덕성, 정직성, 책임감 따위에 관한 유권자들의 견해는 유권자들의 투표 행태에 많은 영향을 미친다. 따라서 이들에 관한 정보가 이슈 전략 수립에 영향을 미치는 것은 당연하다. 예컨대, 도덕성을 강조하는 유권자층에는 자신의 도덕성을 부각시키고, 상대 후보의 비도덕성은 언론 등 중립적 기관으로 하여금 부각시키게 하는 이슈 전략을 세울 수 있다.

결론적으로 볼 때, 이슈 전략은 유권자의 특성과 유권자들의 견해에 의해 영향을 받는다. 따라서 이슈 전략의 수립에는 이와 같은 사항에 대한 정확한 정보의 수집이 필요하며, 수집된 정보들도 이슈 전략의 수립에 유용한 형태로 체계적으로 정리되어야 한다. 곧, 유권자의 특성 및 유권자의 생각을 과학적 조사를 통하여 정보로 산출하고, 유권자들을 그 특성에 따라 여러 층으로 분류하여, 각 층에 속하는 유권자들의 욕구와 이슈 입장을 찾아내고, 이에 따라 이슈 전략을 수립하여야 한다.

구체적인 이슈 전략은 각각의 이슈에 따라, 그리고 유권자의 특성에 따라 각각 구체적으로 결정될 것이지만, 유권자의 표를 고정표와 부동표로 나누었을 때의 이슈 전략을 살펴보면 다음과 같다.

후보자의 입장에서 유권자의 표를 구분해보면, <표 2>에서와 같이 세 개의 칸으로 구분되며, 공략 대상 유권자가 어디에 속하느냐에 따라 어떤 이슈 전략을 사용할 것인가가 결정된다.

<표 2> 유권자들의 지지자 결정 여부에 따른 표의 구분

	고정표	부동표
우리 후보	I	II
다른 후보	III	

Ⅰ에 속하는 고정표에 대한 이슈 전략은 '이탈 방지를 위한 이슈 전략'이다. 이는 유권자층의 기호에 맞추어 이익을 제공하거나 명분을 제공함으로써 자신에 대한 지지를 확실하게 만드는 전략이다. 곧, 유권자층에 따라 강한 선심성 이슈나 강한 명분 이슈를 계속 반복 제시함으로써, 다른 후보에게 이슈 프레미엄을 빼앗기지 않는 전략이다. 이때 어떤 종류의 이슈를 선택하고 어떠한 이슈 입장을 표명하는가는 유권자층의 특성 및 생각에 따라 구체적으로 결정될 것이다.

Ⅱ의 부동표에 대한 선거 전략은 '부동표 흡수전략'이다. Ⅱ의 영역은 부동표가 후보자를 결정하는 데 있어서 결정적 역할을 한다고 볼 때, 후보자들이 가장 많은 관심과 정력을 쏟는 분야라 할 수 있나. 부동표의 흡수를 위해 나타나는 신거 전략으로서는 부정적 측면에서의 매표전략과 긍정적 입장에서의 이슈 제기전략이 있다. 이슈 제기전략으로서는 분류된 유권자층의 욕구나 문제를 대변함으로써 표를 얻는 전략이 사용된다. 이때 많이 나타나는 것이 선심성 이슈이다. 예컨대, 투표에 참여하되 아직까지 지지자를 결정하지 않은 노인계층을 상대로 하는 경우, 이들의 욕구와 문제를 해결해줄 수 있는 방안을 이슈화시키며 공약으로 내세우는 이슈 전략을 사용하면 된다.

Ⅲ의 고정표에 대한 이슈 전략은 '이슈 변질전략' 또는 '이슈 약화전략' 따위가 있다. 그러나 이러한 전략의 사용 효과는 고정표의 성격에 따라 달라진다. 예컨대, 너무나 확고한 상대방의 지지자인 유권자에게는 이러한 전략이 별 필요없을 것이며, 따라서 부동표 흡수와 자신의 고정표 다지기전략에 시간과 정력을 쏟는

편이 나을 것이다.

 만약 상대 후보의 고정표로부터 이탈 가능성이 있는 유권자층이라면, 그들이 중요하다고 생각하여 지지하는 상대 후보의 이슈와 비슷한 또는 더욱 강력한 이슈를 모방하여 제시함으로써 상대 후보의 이슈를 약화시키거나, 보다 강력한 상징을 반복 사용하여 이슈를 재정의함으로써 상대방의 이슈를 변질시키는 이슈전략을 사용해야 할 것이다.

셋째 마디
이슈 제기자의 자산(資産)

　이슈 전략에서 고려하여야 할 또 다른 요인은 이슈 제기자에 관한 것이다. 이슈 제기자로서의 후보자가 가지고 있는 자산에는 후보자가 동원할 수 있는 시간, 정력, 자금, 조직, 정보뿐만 아니라, 후보자 자신의 관심, 외모와 풍채, 예측력, 설득력 따위를 다 포함한다. 이들은 후보자들이 선거 기간 동안에 이슈 찾기와 이슈 펼치기에 사용할 수 있는 자산들이다.
　이러한 자산들 대부분은 선거기간 동안에 무한히 사용될 수 없다. 실제적으로 선거기간 동안에 사용할 수 있는 자산에는 한계가 존재한다. 그러한 한계는 한편으로는 후보자 자신이 충분한 자산을 갖추지 못하였기 때문일 수도 있지만, 선거법상의 여러 가지 제한 때문에 선거기간 동안에 쓸 수 있는 자산의 양이 한정되는 까닭이다.
　이러한 관점에서 볼 때, 후보자가 선거기간 동안에 자신이 동원할 수 있는 모든 자원을 어떻게 하면 효과적으로 사용할 수 있는가는 매우 중요한 문제이다.

여기에서는 이들을 후보자의 능력, 정력, 후보자의 신체적 특징, 시간, 자금, 정보, 조직, 명분 따위로 나누어 살펴보려 한다.

1. 후보자의 능력

이 자산은 후보자의 지적 능력, 판단력, 예견능력, 결단능력 따위로 구성되는데, 이 자산은 후보자가 가지고 있는 조직이라는 자산에 의하여 어느 정도 보충될 수 있는 성질을 띤다. 그러나 이 자산은 선거운동을 이끌어나가는 데 있어서 후보자가 선거운동의 정점에 서 있다는 이유 때문에 실제 선거운동 과정에서 가장 많은 영향을 미칠 수 있는 매우 중요한 자산이다.

이 자산은 선거기간 동안에 사용되는 후보자의 시간 및 정력이라는 자산에 의하여서도 어느 정도 영향을 받으며, 서로간에 보완적 성격을 띤다. 예컨대, 후보자가 사용할 수 있는 시간이나 정력이 고갈되면, 판단력이나 예견능력에 나쁜 영향을 미친다. 마찬가지로 지적 능력, 판단력, 예견능력 또는 결단능력 등이 뛰어나면 선거 전략의 수립이나 선거운동의 방향 결정에 있어서 사용되는 후보자의 시간이나 정력을 절약할 수 있다.

이러한 후보자의 능력이라는 자산은 선천적으로 타고 나는 것도 있고 평상시에 후보자가 노력함으로써 많은 부분을 보충할 수 있지만, 선거기간 동안에 이 자산을 늘릴 수는 없다. 따라서 후보자는 선거기간 동안에 사용할 수 있도록 평상시에 여러 가지 문제 및 그 해결방법 등을 당시의 정치·경제·사회·국제적 상황의 변화와 연결하여 관찰하고 공부함으로써 이 자산을 늘려놓아야 한다.

2. 후보자의 정력

이 자산은 후보자의 건강과 직결되어 있는 자산이다. 이 자산은 선거기간 동안에 사용하면 할수록 줄어들게 되어 있다. 곧, 선거기간 동안에 후보자들은 유권자들의 이슈 입장을 대변하기 위하여 이슈 제기자로서 또는 이슈 펼친 이로서, 그리고 상대 후보의 이슈 제기에 대하여 반응하는 이슈 맞선 이로서 정력적인 활동을 벌이게 되는데, 선거일이 가까워옴에 따라 지칠 수밖에 없다. 따라서 이 종류의 자산은 선거기간 동안에 충분히 사용할 수 있도록 평상시에 갈고 닦아야 한다.

그러나 이 자산은 이슈 따르는 이를 확보함으로써, 곧 후보자 진영이 동원할 수 있는 인적 자원으로서의 조직이라는 자원을 충분히 활용함으로써 어느 정도 보충할 수 있다. 그러나 후보자가 제시하는 이슈와 이슈 따르는이들이 제시한 이슈는 유권자에게 인식되는 비중이 다르다. 따라서 이슈의 중요도에 따라 후보자 자신이 가지고 있는 정력을 동원하여 이슈를 제기할 것인지, 아니면 이슈 따르는이들을 동원할 것인지는 잘 결정하여야 할 문제이다.

3. 후보자의 신체적 특징

후보자의 신체적 특징, 곧 외모나 풍채 따위도 후보자의 중요한 자산인데, 이 자산은 후보자 개인에게만 속하는 독특한 자산이다. 이 자산은 일반적으로 볼 때, 선거기간 동안에 크게 변화하지는 아니하는 자산이라 할 수 있다.

이 자산은 화장술이라든가, 입는 옷, 구두, 모자 등에 의하여, 또는 수염이나 머리 모양의 변화, 말투의 교정 등에 의하여 어느 정도 수정할 수는 있으나, 평상시에 유권자들에게 좋은 이미지를 심어줄 수 있도록 또는 카리스마적인 인상을 줄 수 있도록 노력하는 것이 더욱 중요하다. 선거기간 동안에 선거 전략의 일환으로서 새로운 인상을 풍길 수 있는 전략을 사용할 수 없는 것도 아니며 그 효과가 전혀 없는 것도 아니지만, 평상시의 이미지 관리가 더욱 중요한 자산이다.

4. 시간

후보자들에게 있어서 시간이라는 자산은 원칙적으로 볼 때 선거운동 기간으로 제한되어 있는 것이고, 이런 점에서 볼 때 모든 후보자들에게 공평하게 똑같은 양이 부여되어 있는 것이며 선거기간이 진행되는 동안에 줄어들게 되어 있다는 점에 그 특징이 있다. 또한 선거기간이 흐르면 흐를수록 유권자들의 이슈에 대한 지각 보유능력은 약해지기 때문에, 선거일이 가까워짐에 따라 시간의 효용도가 높아진다고 하는 점 역시 시간이라는 자원이 가지는 독특한 특성이다. 곧, 선거일이 가까워짐에 따라 이전에 제기한 이슈에 대해서는 유권자들이 점차 잊어버리게 되고 새로운 이슈에 관심을 가지게 되기 때문에, 선거일 직전에 자신에게 유리한 이슈를 최대한으로 끌어올리는 것이 선거 전략상 필요하다. <그림 4>에서 볼 수 있듯이 시간이라는 자원의 효용도는 물리적으로 주어진 시간의 양과 비례하지도 않고, 선거일이 가까워짐에 따라 증가한다.

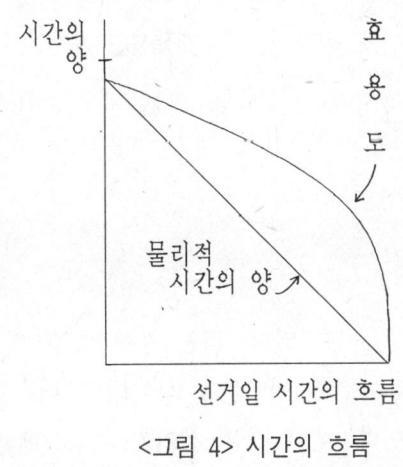

<그림 4> 시간의 흐름

시간이라는 자산이 가지는 또 다른 특징은 이 자산이 정력, 자금, 정보,조직 따위의 다른 자산의 확보에 사용된다는 점이다.
따라서 시간이라는 자산이 가지는 이러한 몇 가지 특성을 고려하여 사전에 치밀한 시간 운용계획을 수립할 필요가 있다. 모든 후보자들에게 주어진 시간의 양은 같으나, 이를 어떻게 사용하는

가에 따라 시간의 효용도를 최대한으로 높일 수 있다.

 시간의 효용도를 높이기 위한 가장 좋은 방법은 선거기간이 시작되기 전에 이슈 전략을 세우기 위한 정보의 수집, 동원할 수 있는 조직의 확충, 사용할 수 있는 자금의 확보 등 다른 자산을 충실하게 마련해놓는 일이다. 예컨대 선거기간 동안에 이슈 찾기를 하는 것은 어떻게 보면 미련한 일이다. 선거기간 동안에는 자신의 이슈를 펼치고 다른 후보자가 제기한 이슈에 맞서기에도 시간이 충분하지 않은 까닭이다. 또한 선거기간 동안에 내세울 이슈의 중요성을 미리 가늠하여 자신에게 가장 중요하고 유리한 이슈는 선거일 직전에 최대한도로 확장시킬 수 있도록 이슈 전략을 짜야 한다.

5. 자금

 자금이라는 자산은 이슈 전략이라는 점에서 볼 때, 쟁점이 되는 이슈의 발굴 및 그 해결방안들을 찾아내고, 이슈를 전파하는데 사용되는 자원이다. 이 자산은 선거기간 동안에 무제한으로 사용할 수는 없다. 설령 무제한으로 선거자금을 사용할 수 있다 하여도, 선거기간이 지나면 지날수록 자금은 줄어들게 되어 있는 까닭에 실제로 그것은 늘 부족하기 마련이다. 뿐만 아니라 선거법상 선거기간 동안에 사용할 수 있는 금액에 제한을 받게 되므로 아무리 많다고 해도, 합법적인 입장에서 볼 때 사용할 수 있는 금액은 일정하다.

따라서 이슈 전략상으로 볼 때, 선거기간 동안에는 허용된 한도내에서 주로 이슈의 전파를 위해 자금이 사용되어야 하며, 이슈나 문제의 해결 대안 개발에 드는 비용은 선거기간이 시작되기 전에 사용하여야 한다. 만약 이슈에 관한 정보나 해결 대안에 관한 전문지식이 있다면 자금의 소요는 줄일 수 있을 것이다.

또한 이슈 전파에 관한 참신한 아이디어들은 부족한 선거자금을 보충해줄 수 있을 것이다. 예컨대 대통령 후보 선출을 위한 전당 대회나, TV토론, 관훈클럽 초청 연설, 그리고 선거기간 동안에 터지는 여러 가지 사건들과 연관된 이슈들을 그때그때마다 강도높게 제시하는 경우, 이슈 전파에 드는 선거자금을 줄일 수 있다. 따라서 이슈 제기전략에서는 선거기간 동안에 나타나는 정치일징이나 저질로 등장하는 사건 또는 문제들을 주시하여 이슈 전파에 응용할 수 있어야 한다.

6. 정보

정보라는 자산은 이슈 전략상 가장 중요한 자산이다. 이 자산은 시간이 흐름에 따라 줄어드는 것이 아니라 늘어나게 되어 있다. 곧, 후보자가 가지고 있는 정력, 시간, 자금 따위의 자산과는 달리 선거일이 가까워짐에 따라 줄어들지는 않는다. 그러나 이 자산이 늘어난다고 해서 후보자에게 항상 유리한 것은 아니다. 왜냐하면 이 자산은 양보다는 질이 더 중요한 까닭이다. 다시 말해서 선거일이 가까워짐에 따라 필요없는 정보가 증가하는 경향이 있고, 이러한 경향은 후보자의 이슈 전략에 혼란을 초래할지도 모른다. 결국 정보라는 자산은 그 자체보다도 그것의 질을 식별하고, 그것을 사용할 수 있는 능력에 달려 있다 할 것이다.

이슈나 정책에 관한 정보는 선거기간 동안에 수집되는 정보에 의존하기보다는 미리 선거운동이 시작되기 전에 확보하는 편이 낫다. 곧, 선거기간 훨씬 이전부터 선거에 대비하여 구체적인 이슈화 전략의 수립이 마련되어 있어야 한다. 따라서 선거기간 동안에 수집되는 정보는 미리 마련된 이슈화 전략을 수정하는 정도로 쓰이거나 이슈의 전파에 사용되어야 한다.

7. 조직

선거 조직이라는 자산은 후보자의 정력이라는 자산을 보충해주고 이슈의 전파에 기여하며, 다른 한편으로는 정보라는 자산의 획득을 위한 출처가 된다. 선거 조직은 선거기간 동안에 후보자의 자산을 관리하고 후보자에게 이슈 전략을 제공해 줄 뿐만 아니라, 후보자를 대리하여 이슈를 제기하기도 하고 후보자의 이슈 입장을 전파하는 역할을 담당하는 인적 자원으로 구성되기 때문에 조직 구성원의 질은 물론, 양 및 그 범위 등은 선거 전략의 수립에 앞서 고려해야 할 매우 중요한 요소이다.

후보자의 자산으로서의 선거운동 조직은 선거기간이 흐름에 따라 강화되거나 약화되는데, 그것은 주로 후보자의 당선가능성이나 자금 동원 능력에 의하여 많은 영향을 받는다. 특히, 선거기간이 진행됨에 따라 후보자의 당선가능성이 점차 뚜렷해지는 경향이 있는 까닭에, 당선가능성 내지 적어도 선거가 끝난 후의 견제 세력으로서의 등장 가능성 따위는 선거 조직의 강화에 큰 영향을 미친다.

선거 조직의 구성원들이 후보자의 선거 조직에 참여하게 되는 동기는 여러 가지일 수 있으며, 이들은 자신의 동기를 충족시키기 위해 후보자의 자산이라고 할 수 있는 선거 조직에 가담한다. 따라서 자신의 욕구를 충족시키지 못하거나 못한다고 예상되는 경우, 선거 조직으로부터의 적극적인 이탈 또는 소극적인 이탈현상이 나타나게 되고 조직의 효율성은 약화된다. 따라서 후보자는 선거기간 동안에 효율적인 조직의 운영을 위해서는 무엇보다도 당선가능성을 확신시켜주는 일이다.

8. 명분

명분이라는 자산은 후보자들에게 있어서 선거기간 동안에 사용할 수 있는 무형적 자산으로서 후보자의 능력이라는 자산, 정보 및 조직이라는 자산과 특히 밀접한 관련이 있다. 이 자산은 평상시에도 관심을 가지고 축적할 수 있고, 선거기간 동안에 상대 후보가 제시하는 이슈에 의하여서도 개발될 수 있다.

일반적으로 보았을 때, 한국적 상황 아래에서는 여당 후보가 여러 가지 면에서 야당 후보들보다 선거 아젠다에 투자할 자산이 많다. 여당 후보는 집권당 후보로서 정부 조직이나 행정기관을 통해 평시에도 양질의 많은 정보에 접할 수 있고 각 분야의 전문가들을 동원할 수 있으며, 자금 동원 능력이나, 조직화 능력도 일반적으로 볼 때 야당 후보보다는 우세하다. 이와 같이 자금, 정보, 조직 따위의 자산이 야당 후보보다 많은 까닭에 시간이나 능력 및 정력이라는 자원도 이들에 의하여 보충할 수 있다.

단지 역대 선거에서 보았을 때, 야당 후보에게는 명분이라는 자산만이 여당 후보보다 우세하였다고 생각한다. 이는 아마도 그 동안의 정치적 상황이 야당 후보에게 명분이라는 자산을 제공해 줄 수 있었기 때문으로 풀이된다. 결국 대체적으로 볼 때, 여당 후보가 야당 후보보다 이슈 참여자의 자산이라는 점에서는 훨씬 풍부하다.

따라서 야당 후보가 여당 후보에 맞서기 위해서는 선거기간 동안이 아니라, 평상시에 자신의 능력 및 정력이라는 자산과 신체적 특징에 따른 자산 등 후보자 개인의 자산을 풍부하게 하여야 하고, 명분이라는 자산을 매체로 하여 조직이라는 자산의 양과 질을 높일 필요가 있다. 곧, 선거기간 동안에 동원할 수 있는 야당 후보의 자산은 한국적 현실 속에서는 여당 후보가 사용할 수 있는 자산만큼 풍부하지 못하기 때문에, 선거운동 기간 이전의 자산 축적이 야당 후보에게는 더욱 중요한 의미를 띤다.

각 진영의 후보자는 선거기간 동안에 그들이 가지고 있는 모든 지혜와 자원을 다 동원한다. 다시 말해서 각 후보 진영이 가지고 있는 자산의 한계 속에서 이슈 전략이 세워진다. 따라서 어떤 후보든 가용자산의 한계 때문에 모든 이슈를 다 제기하고 다 독점

할 수는 없다.

 이슈 제기자 진영의 자산이 적다면 가장 중요한 이슈에 초점을 두어 집중적으로 그 이슈를 이슈화시키고 이슈 임자로서의 이슈 프레미엄을 획득하는 전략을 세워야 할 것이고, 자산이 많다면 여러 이슈들에 그 자산을 어떻게 분배할 것인가가 전체적인 이슈 전략을 세우는 데 고려될 것이다.

 개별적인 이슈의 제기 및 반응에 관한 이슈 전략에서 고려되어야 하는 중요한 사항은 누가 이슈를 제기하고 반응할 것인가에 관한 것이다. 일반적으로 볼 때, 선거기간 동안에 보통은 후보가 이슈를 가장 많이 제기하고 반응하지만, 후보만이 이슈 제기자인 것은 아니다. 후보가 이슈를 제시하거나 반응하는 경우 이슈 전파자인 언론의 주목을 받게 되고 결과적으로 많은 선거 아젠다 공간을 차지할 수 있는 까닭에, 중요한 이슈는 후보가 제시하거나 반응하는 것이 보통이지만, 다른 사람들이 이슈 제기자로서 후보를 대신하는 경우도 있다.

 특히 이슈의 성격에 따라서는 후보자가 직접 나서지 않고 다른 사람들이나 중립적 입장의 언론이 이슈 제기자 또는 반응자로 등장하는 것이 효과적인 경우도 있다. 예컨대, 후보자의 도덕성, 정직성, 책임감, 통솔력, 정책능력 등을 칭찬하는 이슈는 다른 사람들이 제시해야 보다 효과적이며, 상대방의 약점에 관한 이슈는 중립적 입장의 언론이나 시민단체에서 제기하는 것이 훨씬 효과적이다.

 어떤 경우에는 후보가 제기한 이슈에 대한 설득력을 높이기 위해서 다른 정책꾼들이 이슈 동조자로서 이슈를 반복 제시하는 경우도 있다. 보기를 들면, 역대 대통령 선거 아젠다 분석 결과, 주로 여당 후보가 제시한 정책 이슈의 경우 며칠 뒤에 관련 부처들이 다시 그 이슈를 보다 구체화시켜 반복 제시함으로써 여당 후보의 이슈를 강화시키는 전략이 사용되는 것을 발견할 수 있다.

  이슈 전략에서 누가 이슈를 제기하고 반응할 것인가를 결정짓는 데는 앞의 보기에서와 같이 이슈의 성격뿐만 아니라, 이슈 제기자의 자산 역시 중요한 요인으로서 고려된다. 특히 이슈 제기자의 수사적(修辭的)인 상징 사용능력, 명쾌한 논리 및 적절한 지식의 구사 등 표현력, 외모나 풍채 등에서 오는 신뢰감, 그리고 그 이슈와 이슈 제기자와의 관계에서 나오는 설득력 따위는 이슈 전략에서 반드시 고려되어야 한다.

넷째 마디
예상되는 이슈 반응

 이슈 전략의 수립에 있어서 상대 후보의 반응이나 중립적 입장의 언론의 반응 또는 유권자들의 반응을 고려하여야 한다는 것은 당연하다. 선거란 이슈를 앞세운 후보들 사이의 경쟁이기 때문에 어떤 이슈를 어떻게 제기하며, 어떻게 정의하는가, 그리고 어떠한 이슈 상징을 사용할 것인가를 결정하는 데에는 가상적인 상대방 후보의 반응뿐만 아니라 언론 및 시민단체, 그리고 유권자의 이슈에 대한 태도가 고려된다.
 특히 상대방 후보와의 관계 정립은 이슈 전략에 있어서 매우 중요하다. 곧, 상대 후보를 이슈 경쟁의 대상으로 놓고 이슈를 제기하는 경우 그 이슈에 대한 상대 후보의 반응 또는 무반응에 대하여 어떻게 대처하면서, 그 이슈의 이슈 임자로서 그 이슈를 계속 주도해나가는가는 이슈 전략에서 고려하여야 할 가장 중요한 요인 가운데 하나이다.
 또한 후보가 둘 이상인 경우, 어떤 한 후보를 공격 대상으로 놓고 이슈 제기 및 이슈 확장을 위하여 다른 후보와 연합한다든지, 아니면 다른 후보가 자신의 이슈에 대한 이슈 동조자로서 반응하게끔 이슈 전략을 세울 필요도 있고, 언론이나 시민단체로 하여금 동조 반응을 끌어냄으로써 이슈 제기자가 가지고 있는 자원을 아끼면서 힘들이지 않고 이슈화시키는 전략이 보다 효과적인 경우가 있다.

그러나 이러한 경우 잘못하면 이슈 동조자로 동원한 다른 후보에게 이슈 임자의 지위를 빼앗길 가능성에 항상 대비하는 전략도 함께 갖추고 있어야 한다. 이슈전략의 수립에는 이와 같이 이슈 제기시 나타날 수 있는 모든 반응에 대하여 이슈를 제기하기 전에 철저히 검토하여야 하고 그 반응에 대한 반응 전략으로서의 이슈 재제기 전략도 미리 마련되어야 한다.

다섯째 마디
시·공간적인 상황

 이슈 전략의 수립에 있어서 고려해야 하는 또 다른 중요한 요소 중의 하나는 이슈를 언제 어느 곳에서 제기할 것인가에 관한 것이다.
 어떤 이슈를 처음 제기하는 후보는 이슈가 제기된 다음 그 이슈를 가장 많이 반복하여 재제기하는 후보만큼이나 이슈 임자의 지위를 차지하기 쉽다. 왜냐면 처음 이슈를 제기하게 되면 유권자들은 그 이슈를 별 생각 없이 그 후보의 이슈로 받아들이고 그 이슈와 그 후보를 동일시하는 경향이 있다. 따라서 이슈를 처음 제기하는 것, 그리고 가능한 한 많은 사람들이 알 수 있는 곳에서 이슈를 제기하는 것은 그 이슈의 이슈 프레미엄 획득에 매우 중요하다. 이때 다른 후보자보다도 이슈를 먼저 제기하여 이슈 임자로서의 위치를 확보해야 할 이슈로는, 일반적으로 말해서 자신에게 유리하다고 생각되는 이슈와 이슈 임자가 불확정적인 이슈들을 들 수 있다.
 이슈의 제기 및 재제기에 적절한 시기 및 장소는 어떻게 결정되어야 하는가? 일반적으로 말해서, 제기한 이슈에 대한 이슈 임자로서의 이미지를 충분히 심어줄 수 있는 시기와 장소를 선택해야 한다.

그러기 위해서 고려해야 할 가장 중요한 요인 가운데 하나가 선거기간 동안에 나타나는 정치적 사건들이다. 이들은 이슈의 확장에 불을 붙여주는 이슈 유발장치(triggering mechanism)로서의 역할을 한다. 예컨대, 대통령 선거에서의 대통령 후보 선출 전당대회는 유권자의 관심이 쏠리는 정치적 사건이므로 많은 사람들로 하여금 그 후보가 어떤 이슈의 이슈 임자라는 인식을 심기에 적절하다.

이슈의 제기시점 및 제기장소 등의 결정에는 선거와 관련된 여러 가지 정치 일정들뿐만 아니라, 선거기간 동안에 나타나는 예기치 않은 사건들도 최대한 유용하게 사용하여야 한다. 예컨대, 대통령 후보를 선출하는 전당대회, 지구당 창당대회, 다른 후보 또는 대통령과의 회담, 또는 후보자의 외국 방문 시기, 선거유세 일정 따위는 자신의 이슈를 최대한 확장시킬 수 있는 아주 좋은 기회이다. 한편, 선거기간 동안에 발생하는 예기치 않았던 돌발적 사건에는 순발력 있게 대응하여, 그 사건과 관련된 이슈의 제기 및 확장에 있어서 주도권을 잡아야 할 것이다.

이와 같은 주변 상황을 이슈 전략에서 잘 사용하기 위해서는, 제기하기 위해 미리 준비해놓은 이슈, 유권자, 이슈 제기자, 이슈 반응자, 앞으로 전개될 정치적 상황에 대한 예측 자료에 관한 최신의 분석 정보가 요구된다. 다시 말해서 이슈 전략 수립에 고려되어야 하는 모든 사항들에 관한 정보를 준비해놓고서, 기본적인 이슈 전략을 미리 세워놓고 돌발적인 상황 변화에 대응하여 그때그때 이슈 전략을 수정해나가야 한다.

한편 제13대 대통령 선거 이슈들의 이슈 주기 분석 결과를 보면, 이슈 제기 및 확장에 성공한 이슈가 선거기간 동안에 두 개의 이슈 봉우리를 가지며, 그중 가장 큰 이슈 봉우리는 선거 직전에 이루어지고 있음을 보여준다. 따라서 이슈의 제기 및 재제기 시점에 관한 이슈 전략은, 이슈 주기 전략적 관점에서 볼 때 자신의 이슈를 선거 전에 최대한도로 확장하는 것이지만, 모든 이슈를 다 선거 직전에 최대한도로 확장할 수는 없을 것이고, 가장 중요한 자신의 이슈들을 선거 직전에 최대한도로 만들면서 상대 후보의 이슈를 최대한 약화시키는 이슈 전략이 될 것이다.

이와 같이 처음으로 이슈를 제기하는 시점의 결정 및 선거기간 중 어떤 한 시점에서 커다란 이슈 봉우리를 만들고 선거일 직전에 최대한으로 이슈 크기를 확장시키기 위한 전략의 수립에는 시·공간적인 주변 상황에 관한 여러 요인들을 충분히 고려하여야 한다.

셋째 갈래
시점과 이슈 전략

첫째 마디: 이슈 제기전략
둘째 마디: 이슈 재제기전략
셋째 마디: 이슈 반응전략

이슈 전략은 여러 가지 기준에서 유형화할 수 있다.

첫째, 이슈를 제기하는 동기에 따라 이슈 제기전략, 이슈 재제기전략, 이슈 반응전략 및 이슈 무반응전략으로 나눌 수 있고, 둘째, 선거기간의 흐름에 따라 초반 전략, 중반 전략, 선거 직전 전략으로, 또는 이를 더 세분화하여 선거일로부터 거꾸로 올라가면서 선거 1주전 전략, 선거 2주전 전략, 선거 3주전 전략 따위의 주별 전략으로 나눌 수도 있고, 셋째, 이슈를 정의하는 과정이나 방법을 가지고 이슈 연계전략, 이슈 모방전략, 이슈확장 전략, 이슈 전환전략, 이슈 변질전략, 이슈 탈취전략, 이슈 상징전략으로 나눌 수 있고, 넷째, 이슈 내용이나 주제에 따라 이슈 전략들을 나눌 수도 있으며, 다섯째, 이슈가 제공하는 이슈 프레미엄의 성격에 따라 정책 관련 이슈의 이슈 전략, 체제 관련 이슈의 이슈 전략, 선거 관련 이슈의 이슈 전략, 후보 관련 이슈의 이슈 전략으로 나누기도 하며, 여섯째, 이슈 점유도 및 이슈 반응도를 기준으로 하여 분류된 이슈 유형에 따라 쟁점 이슈의 이슈 전략, 독점적 이슈의 이슈 전략, 가능성 이슈의 이슈 전략, 별 볼일 없는 이슈의 이슈 전략으로 나눌 수도 있다.

이러한 분류방법 가운데 세번째 분류방식은 넷째 갈래에서, 네번째 분류 방법은 다섯째 갈래에서, 다섯번째 분류 방식은 여섯째 갈래에서 자세히 논의하기로 하고, 여기에서는 두번째 분류를 염두에 두면서 첫번째 분류방식에 따라 이슈 전략을 논의하려 한다. 그리고 마지막 분류방식은 선거의 실제보다도 학문적 성격이 강하므로 여기에서는 생략하려 한다.

첫째 마디
이슈 제기전략

 넓은 의미에서 쓰이는 이슈 제기전략이란 처음으로 이슈를 제기하는 데 필요한 전략이라는 의미 이외에도, 이슈의 재제기전략, 이슈에 대한 반응전략 및 무반응전략까지 포함하여 사용되는 말이지만, 여기에서는 이들을 따로따로 구분하여 좁은 의미로 사용한다. 따라서 이슈 제기전략이란 이슈를 처음 제기할 때의 이슈 전략을 말한다.
 선거에서의 이슈는 그 이슈의 임자에게 가장 많은 이슈 프레미엄을 가져다준다. 따라서 후보들은 선거기간 동안에 가능한 한 많은 이슈들의 이슈 임자가 되기 위해서 이슈를 제기하고 재제기한다. 이슈를 가장 많이 제기한 사람이 그 이슈의 이슈 임자가 되는 것이 보통이고, 가장 많은 이슈 프레미엄을 얻는다.
 그러나 비슷한 크기의 이슈 공간을 차지한 후보들의 경우, 누가 이슈자가 되는가는 그 이슈 자체의 성격, 이슈 정의에 사용된 상징 따위가 중요한 역할을 한다. 그러나 유권자들이 이슈 임자로 인식하는 데 있어서 가장 강력하게 영향을 미치는 것은 이슈를 누가 처음에 제기하는가이다. 곧, 어떤 이슈를 처음에 제기한 사람은 그 이슈의 이슈 임자가 되기 쉽다. 왜냐하면 처음 이슈를 제기하면 유권자의 눈에 뜨이기 쉽고, 유권자들은 그 이슈를 어느 정도 그 후보의 이슈로 간주해버리는 경향이 있는 까닭이다.

따라서 처음에 이슈를 제기하는 것은 이슈 전략상 대단히 중요하다. 그러나 다른 후보에 앞서서 처음에 이슈를 제기한다고 하여 선거운동이 시작되자마자 모든 이슈를 다 제기할 수는 없는 일이다. 그렇다면 언제 어떤 이슈를 어떻게 제기하여야 하는가?

먼저 어떤 이슈를 제기하는가라는 관점에서 논의해보자. 어떤 이슈를 가장 먼저 제기하는가는 자신이 보유한 이슈들의 내용과 그 이슈들이 발아(發芽)할 수 있는 주변 상황에 따라 달라질 것이지만, 일반적인 원칙만 이야기하면 다음과 같다.

무엇보다도 먼저 제시하여야 할 이슈로서는 아직 임자가 확정되지 않은 이슈이지만, 전국민이 공감할 수 있는 가장 중요한 문제로 인식되는 이슈이다. 후보자는 이런 종류의 이슈를 제일 먼저 강력하게 제시함으로써 자신의 이슈로 만드는 데 있어서 유리한 고지를 차지해야 한다. 아무도 이슈 임자가 아닌 상태에 있는 이러한 이슈를 제기하지 못하고 다른 후보에게 빼앗긴다면, 그 후보는 훌륭한 이슈 전략가라 할 수 없다.

그 다음에 제시하는 이슈는 이슈의 성격상 자신이 이슈 임자가 되기 쉬운 이슈, 자기 자신에게 유리한 이슈, 상대방 후보에게 불리한 이슈로서 이슈 프레미엄을 크게 얻을 수 있는 이슈들이다.

반면에, 자신에게 불리한 이슈는 스스로 제기하지 않는 것이 원칙이나, 상대 후보가 그냥 넘어 갈 리 없다. 따라서 자신에게 불리한 이슈는 상대 후보가 제기하는 경우 유리하게 변질시킬 수 있는 방법을 찾아 대비하여야 한다. 또는 유권자들이 받아들일 수 있는, 또는 용서할 수 있는 결론을 준비하여 선거 초반쯤에 살짝 건드리고 넘어감으로써 상대방이 이슈화시킬 기회를 무력화시키는 이슈 전략도 고려해야 한다.

언제 이슈를 제기하여야 하는가에 관하여 논의해볼 때, 상대 후보보다 먼저 제기하는 것이 원칙이지만, 이슈를 먼저 제기하였다고 하여도 뒤이어 같은 이슈를 제기한 상대방 후보의 이슈 가시성이 더욱 크다면 이슈 임자의 지위를 빼앗길 것이다. 따라서 이슈의 제기 전략에는 그 이슈의 전파가능성을 충분히 고려하여야 한다. 예컨대, 후보 선출을 위한 전당대회나 어떠한 사건이 일어났을 때 그 사건과 관련된 이슈를 제기하면, 그 이슈의 전파가능성은 커지고 부수적으로 이슈 임자로서의 인상을 널리 남길 수 있다.

어떻게 이슈를 제기하여야 하는가는 여러 관점에서 이야기할 수 있으나, 처음 이슈를 제기할 때 유권자에게 그가 그 이슈의 주인공이라는 인식을 심어줄 수 있을 만큼 강력한 상징을 사용하거나, 자신의 이슈로서 널리 알려진 이슈와 연계시켜 이슈를 제기함으로써 이슈 임자로서의 연상이 가능하게끔하는 것이 원칙이다(이슈 상징전략이나 이슈 연계전략은 다음 갈래를 참고할 것).

그러나 정치, 경제, 사회적 사건들로 구성되는 주변 상황을 잘 활용하는 경우, 강력한 상징을 사용하지 않더라도 이슈 임자로서의 인상을 남길 수도 있고, 강력한 상징을 유보함으로써 이슈 재제기전략 때 사용할 수도 있다.

둘째 마디 ─────────────────────
이슈 재제기전략

　이슈 재제기전략은 제기된 이슈를 반복하는 과정에서 세워지는 전략이라 할 수 있다. 이슈는 한번 제기하였다고 하여 계속해서 이슈 제기자의 이슈로 남아 있지는 않는다. 이슈는 다른 후보들에 의하여 계속 제기, 재제기되면서 그 내용이 변질되기도 하고, 이슈 임자의 위치가 바뀌기도 한다. 따라서 이슈의 반복적 제기는 이슈를 제기한 후보가 이슈 임자로서의 위치를 확고히 하기 위하여 채택하는 이슈 전략이다.
　이러한 이슈 재제기전략에서는 처음의 이슈 제기에서와 마찬가지로 이슈 재제기에서 동원하는 상징의 정도를 고려해야 한다. 일반적으로 볼 때, 이슈가 반복하여 제기되면서 사용하는 상징은 조금씩 강렬해져서 선거 직전에 가장 강렬한 상징을 동원하는 것이 보통이다.
　또한 이슈 재제기전략에서 고려하여야 할 것이 이슈 주기와의 관계이다. 어떠한 이슈든, 아무리 크게 쟁점화된 현저한 이슈(salient issue)라 하더라도 이슈 자체는 일정한 생활주기를 가지고 있어서 이슈의 탄생기, 성장기, 전성기, 쇠퇴기를 거쳐 소멸해 간다.

 이러한 이슈의 생활주기 가운데서 나타나는 특징 중의 하나는 어떠한 이슈든 일단 제기되면, 어느 정도는 저절로 확장과정을 밟게 된다는 점이다. 그러므로 이슈가 자신의 힘으로 성장될 가능성이 있을 때, 그 이슈를 보다 강렬한 상징을 사용하여 재제기하면 쉽게 이슈를 확장시킬 수 있다.

 이때 이들의 이슈 성장을 촉진시켜주는 데 촉매 역할을 하는 것이 이슈 따르는 이[同調者]로서의 다른 후보들 및 언론 등이다. 따라서 이슈의 재제기전략은 이슈의 자연적인 확장이 이루어질 수 있을 때, 때를 놓치지 말고 새롭고 보다 강렬한 상징을 사용함으로써 이슈를 가능한 한 크게 확장시키는 전략이어야 하며, 이슈 따르는 이로서의 이슈 참여자들을 잘 활용하는 방향에서 이루어진 이슈 전략이어야 한다.

 그러나 여기에는 보이지 않는 많은 변수들이 작용한다. 그 가운데 가장 많은 영향을 미치는 것이 다른 이슈들의 존재이다. 예컨대, 다른 어떤 커다란 이슈가 나타나면 유권자의 관심과 에너지는 새로운 이슈에게로 집중되고 먼저 제기된 이슈는 성장기나 전성기를 거치지도 못하고 곧바로 쇠퇴기로 접어들어 소멸해버린다. 따라서 이 경우에는 이슈를 재제기하려고 애쓸 필요가 없다. 이슈가 소멸되었다고 하여 완전히 없어지는 것은 아니다. 이슈는 다시 발아할 수 있는 상태로 잠복해 있으며, 일정한 환경이 주어지면 다시 소생(蘇生)될 수 있는 까닭이다.

 일단 이슈가 태어나면 어느 정도 저절로 성장하려는 성향이 있다는 점에서와 마찬가지로, 이슈의 생활주기 가운데서 나타나는 또 하나의 특징은 아무리 크게 쟁점화된 이슈라도 일정 기간이 지나면 그 자체가 쇠퇴과정을 밟게 된다는 점이다. 그러므로 어느 정도 시간이 흐르면 경쟁상태에 있는 이슈가 자연히 쇠퇴기에 접어들게 되는데, 이때에 이슈를 재제기하면 많은 노력을 들이지 아니하고서도 이슈를 다시 재생시킬 수 있다.

일반적으로 볼 때, 선거 아젠다 공간은 제한되어 있고, 여러 가지 이슈들이 더 많은 아젠다 공간을 차지하기 위하여 경쟁하기 때문에 이와 같이 이슈의 재제기전략에서는 다른 이슈와의 역동적 관계 역시 중요한 고려요인이 된다.

이슈가 반복하여 제기되는 동안에 이슈는 제기된 이슈가 사용하는 상징이나, 다른 이슈와의 관계 및 여러 가지 사건 등 제기된 이슈를 둘러싸고 있는 주변 환경에 따라 일정한 이슈 공간을 배당받게 되는데, 이때에 배당받는 이슈 공간의 크기에 따라 이슈 프레미엄이 결정되는 까닭에, 어느 시점에서 이슈 공간을 최대로 만들어야 하는가는 이슈 재제기전략에서 가장 핵심적인 부분이라 할 수 있다.

일반적으로 볼 때, 선거 직전에 자신의 이슈를 최대로 확장시키는 것이 이슈 재제기 전략상 당연하다. 따라서 이슈 주기와 관련시켜 볼 때, 이슈의 재제기전략의 백미는 선거 직전에 최대한도로 자신의 이슈를 급성장시킬 수 있는 이슈 전략의 수립에 있다. 선거 아젠다에 나타나는 쟁점이 되는 주요 이슈들의 이슈 임자는 자신의 이슈가 쇠퇴기로 들어섰다 하더라도, 다시 성장기를 거쳐 전성기에 이르도록 최선을 다하여야 한다. 곧, 선거 직전에 자신의 이슈가 차지하는 아젠다 공간을 최대한도로 확보할 수 있도록 후보가 가진 모든 자원을 다 동원하는 이슈 재제기전략의 수립은 이슈 전략상 중요한 위치를 차지한다.

셋째 마디 ─────────────────
이슈 반응전략

　선거기간 동안에는 후보들 사이의 이슈 공방(攻防)이 필수적이며, 이슈를 제기하고 그에 대한 반응으로서 다시 이슈를 재정의하여 제기하고, 그것에 대하여 다시 반응하면서 이슈 제기가 계속 되풀이되는 과정이 선거과정이다.
　이러한 선거과정에서의 이슈 전략에 있어서도, 공격이 최선의 방어인 것처럼, 그리고 바둑에서 선수를 잡는 것이 유리한 것처럼, 이슈 반응전략보다는 이슈 제기전략이 더욱 중요하고 유용성이 크긴 하지만, 이슈 반응전략도 때에 따라 나름대로 그 유용성을 가진다.
　이슈 반응전략은 상대방의 이슈 제기에 대하여 어떻게 대응할 것인가를 결정짓는 이슈 전략과 상대방의 반응을 끌어내기 위한 이슈 (재)제기전략으로서의 이슈 전략이 있다. 앞의 것은 보통 이야기하는 이슈 반응전략이고, 나중 것은 이슈반응 끌어내기전략으로 불린다.
　이슈 반응 전략은 반응 내용에 따라 상대방이 제기한 이슈에 대해 동조하는 이슈 동조전략, 그와 비슷한 다른 이슈를 제기하는 반응을 보이는 이슈 모방전략, 제기된 이슈를 반박하는 반응으로서의 이슈 반박전략, 제기된 이슈에 해명하는 반응으로서의 이슈 해명전략, 이슈를 새로운 각도에서 다시 정의내리는 반응으로서의 이슈 재정의전략, 상대방의 이슈를 무시해버리는 반응으로서의 무반응 전략이 있을 수 있다.

이들 가운데 이슈 모방전략은 넷째 갈래 둘째 마디에서, 그리고 이슈 재정의전략은 이슈 반응전략 가운데 적극적으로 이슈를 재정의함으로써 이슈의 변질 및 이슈의 탈취를 목적으로 하는 이슈 반응인데, 역시 넷째 갈래 다섯째 마디와 여섯째 마디에서 자세히 논의하므로 여기에서는 생략하고, 이슈 동조전략, 이슈 반박전략 및 이슈 해명전략, 무반응전략을 차례로 설명하고, 그 다음에 이슈 반응 끌어내기전략을 논의하려 한다.

1. 이슈 동조전략

이슈 동조전략은 이슈 제기자와 자신의 이슈 입장이 같음을 보여줌으로써 공동적으로 이슈 프레미엄을 얻기 위해 사용되나, 처음 이슈 제기자 또는 이슈 임자의 이슈 입장을 강화시켜줄 뿐 그 이슈로 인하여 자신의 이슈 프레미엄을 크게 증가시키지는 못하는 것이 보통이다. 따라서 이슈 동조전략보다는 이슈 제기전략이 더욱 중요하며, 다른 후보들이 동조할 수 있는 이슈의 이슈 임자가 되는 것이 훨씬 유리하다.

따라서 이 이슈 동조전략은 이 전략을 사용하여 이슈 제기자인 후보자의 이슈 입장을 강화시켜주더라도 그의 당선 가능성이 약한 경우, 당선 가능성에 회의를 느낀 유권자들을 흡수함으로써 자신의 이슈 프레미엄을 높일 수는 있을 때 사용할 수 있다.

2. 이슈 반박(해명)전략

이슈 반박전략이나, 이슈 해명전략을 사용한다는 사실은 상대후보의 이슈 공격에 의한 이슈 반응 끌어내기전략이 효과가 있다는 것을 반증해주는 것이다. 따라서 이러한 전략은 될 수 있는 한 사용하지 않아야 하는데, 만약 사용할 수밖에 없다면 유권자들이 충분히 납득할 수 있도록 반박하거나 해명하여야 할 것이다. 만약 반박이나 해명에 무리가 따르게 되면, 그러한 이슈 반응이 오히려 상대방의 이슈 프레미엄을 높여주는 데 작용할 가능성이 높은 까닭이다.

이러한 이슈 전략을 사용하여 효과를 본 예로서는 제13대 대선에서의 인권 보장 이슈를 들 수 있다. 곧, 노태우 후보는 김영삼 후보가 물고문 이슈와 성고문 이슈를 제기할 때마다 무조건 잘못이라고 시인하여 더 이상의 이슈 확장을 막는 데 성공하고 있다.

3. 이슈 무반응전략

 이 전략은 상대방의 이슈 공격에 대하여 반응을 보이지 않음으로써 상대방의 이슈 확장을 저지하는 반응전략이다. 이 전략은 상대 후보가 제기한 이슈가 유권자들에게 상대방 후보의 독점적 이슈로 벌써 인정되어버려서 어떠한 반응 전략을 사용하여도 효과가 없다고 판단될 때 사용한다. 곧, 이슈의 성질상 자신에게 유리한 이슈로 전혀 전환시킬 수 없다고 판단되는 경우에는 무반응전략을 사용함으로써 그 이슈의 크기를 약화시킬 수 있다.

4. 이슈 반응 끌어내기전략

 이 전략은 계속하여 상대방을 자극하는 이슈 상징을 사용함으로써 상대방으로 하여금 자신이 제기한 이슈에 반응을 보이게끔 만드는 전략이다. 이 전략의 사용은 자신에게 유리한 이슈나 상대 후보에게 불리한 이슈를 크게 증폭시키기 위하여 사용하는 적극적 이슈 전략이다. 특히 상대방이 무반응전략으로 나올 때 이 전략을 사용함으로써 이슈 프레미엄을 크게 만들 수 있다. 또는 충분한 정보를 가지지는 못하지만, 어느 정도 확신을 가지고 어떤 문제를 이슈화시키려는 경우에도 이 전략을 사용할 수 있다. 이 경우 이슈화가 진행되면서 그 이슈에 관한 정보가 나타나고, 그에 따라 점차적으로 이슈를 자신에게 유리하도록 정의내리는 방법이 뒤따른다.

이러한 이슈 반응 끌어내기전략은 상대방 후보의 이슈 반응을 끌어내기 위해서 추측에 근거를 두고 어느 정도 억지를 부림으로써 상대 후보를 곤란한 상황 속에 집어넣어 기정 사실화시키는 물귀신 작전을 수반할 때 효과적인 경우가 많다.

넷째 갈래
이슈 정의와 이슈 전략

첫째 마디: 이슈 연계전략
둘째 마디: 이슈 모방전략
셋째 마디: 이슈 확장전략
넷째 마디: 이슈 전환전략
다섯째 마디: 이슈 변질전략
여섯째 마디: 이슈 탈취전략
일곱째 마디: 이슈 상징전략
여덟째 마디: 이슈 전략론의 의미

아젠다 짜임과정은 이슈를 정의내리는 과정이다. 선거 아젠다 짜임과정은 이슈를 후보자들이 자기 자신에게 유리하도록 정의내리고 재정의내림으로써 서로 상대 후보자들보다 유리한 위치를 확보함으로써 지지를 확보하려는 과정이다. 그렇기 때문에 선거 아젠다는 각 후보자들이 자신에게 유리하다고 생각하는 이슈를 선정하여 쟁점화시킴으로써 비롯된다.

그러나 제기된 이슈는 처음의 이슈 제기자가 정의한 대로 선거기간 내내 유지되는 것은 아니다. 이슈는 선거기간 동안에 계속 변화한다. 이슈는 다른 후보자들에 의하여 정의되고 재정의되는 과정을 밟으면서 쟁점화되는 까닭이다. 곧, 한 후보자가 자신에게 유리하다고 생각하는 이슈를 제기하면, 이에 대하여 다른 후보자들이 반응함으로써 이슈 갈등을 빚게 되는데, 이때의 반응 과정은 각 후보자들이 이슈를 자신에게 유리하도록 (재)정의내리는 과정이며, 이러한 과정 속에서 이슈 임자가 결정되고 그 이슈 임자에게 이슈 프레미엄이 붙게 된다.

이와 같은 아젠다 짜임과정, 곧 이슈가 정의되고 재정의되는 과정 속에서 이슈는 다른 이슈와 연계되어 강화되기도 하고 모방되기도 하며, 다양하게 분화되거나 구체화되면서 확장되기도 하고, 이슈 제기자의 의도에 따라 그 내용이 변질되기도 한다. 또한 다른 내용의 이슈로 전환이 이루어지기도 하며, 이슈 임자가 바뀌는 경우도 있고, 이슈의 가시성을 높이기 위하여 보다 강렬한 상징을 사용하기도 한다.

이슈의 정의 및 재정의 과정에서 나타나는 이런 현상들은 다른 이슈와의 연계, 이슈의 모방, 이슈의 다양화 및 구체화, 이슈의 전환, 이슈의 변질, 이슈의 탈취, 이슈 상징의 변화 따위이며, 이러한 현상 속에서 후보자들의 이슈 전략을 파악할 수 있는데, 여기에서는 역대 대통령 선거 아젠다에 수록된 이슈들을 예로 들면서, 이들 이슈 전략들을 제시하면 다음과 같다.

첫째 마디
이슈 연계전략

 이슈의 (재)정의 과정에서 나타나는 이슈 전략 가운데 하나가 이슈 연계전략이다. 이 전략은 자신의 이슈를 이미 현저하게 쟁점으로 등장한 다른 이슈(salient issue)와 연계시켜 정의함으로써 자신의 이슈를 강화시키는 이슈 전략이다. 이 전략을 사용하는 경우 대부분 연계되는 이슈와 연계시키는 이슈가 둘 다 동시에 강화되는데, 이런 점에서 볼 때 이 이슈 전략은 상당히 자원 절약적이다. 실제로 선거기간 중에 등장하는 많은 이슈들이 다른 이슈와의 연계를 통하여 (재)정의되며, 그럼으로써 그 이슈의 가시성은 높아지는 경우를 볼 수 있다.
 예컨대, 7대 대통령 선거에서 박정희 후보는 '안정' 이슈를 제기하면서 '정치적 안정하에서의 경제 발전'을 주장함으로써, '안정' 이슈를 자신의 현저한 이슈인 '경제 발전' 이슈와 연계시키는 전략을 사용한다. 한편, 야당 후보인 김대중 후보는 '안정은 독재를 의미하며, 민주적 정권교체만이 정국을 안정시키는 길'이라고 주장함으로써 이 이슈를 '장기 집권' 이슈와 연계시킨다.

또 다른 예로서는 '교련 철폐' 이슈를 들 수 있다. 김대중 후보는 교련 실시를 '독재 강화를 위한 수단'으로 정의내리면서 '장기 집권' 이슈와 연계시키고, 박정희 후보는 이 이슈를 '안보' 이슈와 연계시켜 자신의 이슈 입장을 강화시키고 있다. 또한 '부정부패' 이슈는 김대중 후보에 의하여 '장기 집권' 이슈와 연계되고, 이러한 연계 전략은 어느 정도 성공을 거두고 있다. 곧, 김대중 후보는 이 이슈를 '부정부패는 장기 집권의 결과이며, 부정부패를 막기 위해서는 정권 교체가 이루어져야 한다'고 정의내리면서 유권자들을 설득하고 있다.

이러한 이슈 연계전략은 이 이외에도 많이 발견된다. 단지, 여당 후보든 야당 후보든 이슈를 (재)정의할 때 나타나는 공통점은 유권자들에게 잘 인식된 이슈들 가운데에서 자신에게 유리한 이슈, 또는 자신이 내세우는 가장 중요한 쟁점 이슈와 연계시킨다는 점이다. 그 이유는 말할 것도 없이 그렇게 함으로써 그 이슈의 가시성을 높일 수 있을 뿐만 아니라, 그 이슈의 이슈 임자로서의 이미지를 확실하게 심어놓을 수 있는 까닭이다.

따라서 다른 이슈와의 연계과정을 통하여 각 후보들의 이슈 입장은 뚜렷하게 나타난다. 그리고 이러한 이슈 연계전략을 분석하면, 각 후보들이 내세우는 선거의 쟁점이 보다 뚜렷해지며, 어떤 이슈가 자신에게 유리한 이슈라고 생각하는지를 알 수 있다.

5, 6, 7, 13대 대통령 선거 아젠다를 분석해볼 때, 여당 후보는 과거의 업적과 관련된 이슈 및 미래의 약속을 제시하는 이슈들과 이슈를 연계시키는 전략을 사용하며, 야당 후보는 과거의 정치적 실정(失政)이나 잘못을 정치적 정통성과 관련된 이슈들에

연계시키는 전략을 사용하는 경향이 있다. 보다 구체적으로 말한다면, 경제 발전 이슈, 정치적 안정 이슈, 안보 이슈 등은 여당 후보가 이슈 연계에서 사용하는 단골 이슈들이고, 장기 집권이나 독재를 비난하는 민주화 이슈, 곧 삼선 개헌, 군정 종식, 광주사태 이슈 및 부정부패 이슈 등은 전형적인 야당 후보의 이슈들로서 이슈 연계전략에서 가장 많이 등장하는 이슈들이다. 이러한 경향은 정치적 민주화, 지속적 경제 발전, 그리고 남북 분단상황 하에서의 안보 및 정치적 안정 등 우리나라의 특수한 정치·경제적 상황으로부터 말미암은 것으로 생각한다.

둘째 마디
이슈 모방전략

　선거 아젠다 짜임과정 속에서 한 후보가 어떤 이슈를 제기하였을 때 다른 후보가 그와 비슷한 다른 이슈를 제시하는 현상을 볼 수 있는데, 이 현상이 이슈의 모방이라는 현상이다.
　후보들 사이의 이슈 제기 경쟁을 보여주는 이슈 모방현상은 의도적인 이슈 모방전략의 결과로 나타난다. 이 전략은 어떤 후보의 이슈가 이슈 프레미엄을 획득하는 데 효과가 있다고 판단하는 경우, 다른 후보가 그 이슈를 모방함으로써 상대방의 이슈 프레미엄을 약화시키고 그 이슈에 대한 자신의 몫을 찾기 위하여 사용하는 이슈 전략이다. 흔히 후보자들 사이의 선심성 이슈 경쟁은 이슈 모방전략의 사용을 보여주는 대표적인 예라 할 수 있다.
　한편, 어떤 이슈의 경우 자신의 이슈 입장(issue stands)을 변경시켜 상대방의 이슈 입장에 가까운 이슈 입장으로 이동하는 경우를 볼 수 있는데, 이 현상 역시 이슈 모방전략 속에 포함시킬 수 있다. 이슈 입장의 변화에 따른 이슈 모방전략은, 상대 후보의 이슈 입장이 강화되어 지지를 받는다고 판단하는 경우, 상대 후보의 이슈 입장에 근접한 이슈 입장을 취함으로써 상대 후보와 자신의 이슈 입장의 차이를 희석시켜 상대 후보의 이슈 프레미엄을 약화시키는 전략이다.

예를 들면, 제5대 대통령 선거에서 야당 후보인 윤보선 후보에 의하여 제시된 '거국내각' 이슈에 대하여 처음에는 여당 후보인 박정희 후보는 야당의 분열을 나타내는 이슈라고 공격하면서 '낯 간지런 미끼'라고 반대 입장을 취했다. 그러나 선거일이 가까워짐에 따라 이 이슈가 허정 후보 및 변영태 후보의 사퇴라는 정치적 상황의 변화와 함께 '타당 인사를 국무총리로 기용하겠다'는 윤보선 후보의 이슈 구체화에 의해 이슈 확장이 이루어지고, 이 이슈가 분열된 야당의 표를 모으는 데 효력을 가지게 된다고 판단하자, 박정희 후보 진영은 종전의 이슈 입장을 변화시켜 '초당파적 내각 구성'을 새로이 제시함으로써 윤보선 후보의 이슈 프레미엄을 약화시키고 있다.

또 다른 예로서 6대 대통령 선거에 있어서 윤보선 후보가 '곡가 인상' 이슈를 제기하자, 박정희 후보는 '곡가 인상 불가'라는 이슈 입장을 표명하였으나, 선거일이 가까워짐에 따라 '곡가 인상 부분적 가능'이라는 이슈 입장을 취함으로써 이슈 모방을 통한 이슈 입장의 변화를 보여준다. 또한 박정희 후보가 '비료값 인하 검토'라는 이슈를 제시하자, 윤보선 후보는 '비료값 30% 인하'라는 보다 구체화된 이슈를 제기함으로써 이슈 모방전략을 통해 박정희 후보의 이슈 입장을 약화시키고 있다.

이슈 모방전략은 언제 사용하며, 상대방의 이슈 모방전략에 대해서는 어떻게 대응하여야 할 것인가에 관하여 논의해보면 다음과 같다.

가장 효과적인 이슈 모방전략의 사용 시기는 상대 후보의 이슈가 현저하게 유권자의 관심을 끌기 전이다. 따라서 이슈 모방전략은 상대방의 이슈화를 방지하기 위하여 상대 후보가 이슈를 제기한 직후에 사용하는 것이 훨씬 효과적이다. 곧, 상대방이 그 이슈의 이슈 임자로 자리잡기 전에 비슷한 또는 같은 이슈 입장을 보임으로써, 상대방 후보가 그 이슈의 이슈 임자가 되어 이슈 프레미엄을 얻지 못하도록 하는 것이 이 전략의 요체이다.

만약, 이미 상대방 후보의 이슈로 굳어졌을 경우에는 적극적 전략으로서 이슈 재정의를 통해 이슈를 변질시키거나, 이슈 제기 횟수를 늘리고 더 강력한 상징을 사용함으로써 그 이슈를 빼앗는 전략을 병용할 필요가 있다(다음 마디들 참조). 소극적 전략으로서는 그 이슈에 대하여 응대하지 않음으로써 더 이상의 이슈화를 막는 이슈 무반응전략도 고려할 수 있다. 곧, 상대 후보의 이슈에 대하여 전혀 반응을 보이지 않음으로써 상대 후보의 이슈를 약화시키는 전략이다.

한편, 상대방 후보의 이슈 모방에 맞서는 방어전략으로서는 그 이슈가 바로 자신의 이슈라는 사실을 명백히 하기 위해 자신의 이슈를 반복 강화시키는 전략을 사용하여야 한다. 곧, 상대방 후보가 이슈 모방을 하는 경우, 그것이 바로 자신의 이슈 입장에 대한 지지라는 사실을 유권자에게 홍보함으로써 자신이 그 이슈의 이슈 임자라는 점을 보다 확실하게 인식시켜야 한다.

다시 말해서, 이슈 경쟁에서 상대방 후보에게 승리하였다는 사실과 더불어 보다 강렬한 상징을 더 많이 사용하고 반복함으로써 자신의 이슈를 크게 이슈화시켜야 하며, 그렇게 함으로써 상대방의 이슈 변질전략이나 이슈 탈취전략을 무력화시킬 수 있다(다음 마디 참조).

 만약 상대방이 이슈 무반응전략을 사용하는 경우에는 상대 후보로 하여금 그 이슈에 반응하도록 다른 이슈(상대방 후보가 중요시 여기지 않을 수 없는 이슈)와 연계시켜 그 이슈를 정의내리는 이슈 연계전략을 사용하거나, 상대 후보의 무반응을 그 이슈에 대한 정책의 부재라고 공격하는 전략을 사용함으로써 상대 후보의 반응을 끌어내고 이슈의 가시성을 높일 수 있다.

셋째 마디
이슈 확장전략

　선거과정에서 제기되는 이슈는 이슈 제기자에게 이슈 프레미엄을 가져다주며, 그것이 보다 크게 가시화될수록 이슈 제기자인 후보가 얻는 이슈 프레미엄은 더욱 크다. 따라서 보다 많은 이슈 프레미엄을 획득하기 위하여 후보자들은 선거기간을 통해 자신의 이슈를 계속 확장시켜나가는 전략을 구사하는데,1) 이때 나타나는 현상 중에는 양적인 측면에서 볼 때 두 가지 현상이 있다.2)

---

1) 다른 이슈 전략에서와 마찬가지로 이슈의 확장전략에서 이슈를 둘러싸고 있는 시·공간적인 상황의 변화를 고려해야 함은 당연하다. 특히 선거기간 동안에 발생하는 의도적이든 아니든, 예정되었든 아니면 예기치 않았든간에, 발생하는 여러 가지 사건이나 상황은 이슈 확장에 불을 붙여주는 이슈 유발장치(triggering mechanism)의 역할을 하는 까닭에, 특히 이슈 확장전략에서 이용할 수 있는 좋은 재료이다. 이에 관하여는 둘째 갈래 첫째 가름 다섯째 마디를 참조할 것.
2) 여기에서는 이슈의 확장전략을 양적인 측면에서만 파악한다. 곧, 이슈의 확장을 이슈의 구체화 및 다양화 전략에 의한 이슈 가지치기 현상에 한정시켜 논의한다. 한편, 질적인 측면에서의 이슈의 확장,

곧, 이슈 발전과정을 통하여 이슈가 보다 구체화되거나, 다양한 여러 이슈로 분화됨으로써 이슈가 확장되는 것을 볼 수 있다. 곧, 이슈의 가지치기라는 양적인 확장은 이슈의 구체화 전략과 이슈의 다양화 전략을 통해서 나타난다. 이들을 보다 자세히 논의하면 다음과 같다.

1. 이슈의 구체화

이슈의 구체화란 정책 대안이 없이 제기된 추상적인 이슈가 선거기간 동안에 정책 대안을 구비하게 되는 것을 말하는데, 이 경우 대부분 선언적 이슈에서 정책적 이슈로의 이슈 전환이 이루어진다.

예컨대, 제5대 대통령 선거에서의 '정치범 석방' 이슈는 '공산당 제외 정치범 석방' 이슈로, 그리고 '우파 혁신계 포함 정치범 석방' 이슈로 구체화되었으며, 제7대 대통령 선거에서 김대중 후보에 의하여 제기된 '예비군 폐지' 이슈는 선거기간이 흐름에 따라 '향토경비대 안'이라는 구체적인 이슈로 재정의되었으며, '부정부패' 이슈는 시간이 흐름에 따라 '요직 개편', '민원부서 근무 제한', '고발 제도화', '부정부패 일소법' 등으로 구체화되었다.

또한 김대중 후보에 의하여 제기된 '4대국 보장론'은 시간이

곧 이슈의 강화는 효과적인 이슈 상징의 사용에 의해 이루어질 수 있는데, 이는 본가름의 일곱째 마디 이슈 상징전략 쪽에서 논의한다.

흐름에 따라 '집단안보체제', '새로운 방위 대안 제시', '방위조약 보완' 등의 이슈로 구체화되고, 박정희 후보의 '4대국 보장론 불가' 입장은 '미군 감군 불가', '감군신중론' 등의 이슈로 바뀌고 나중에는 '군 현대화' 이슈로 구체화되면서 이슈 전환이 이루어지고 있다.

이러한 이슈의 구체화 전략은 구체적인 정책 대안을 제시함으로써 유권자들에게 보다 설득력있는 이슈 입장을 보여주기 위한 것이고, 이슈의 확장에 효과적인 전략이긴 하지만, 이러한 전략의 수립에는 많은 비용이 요구된다. 곧, 이슈를 구체화시키는 과정에서 후보자가 가지고 있는 자산, 예컨대 인력, 자금, 정보, 시간, 정력 등이 투입되어야 한다.

그러나 선거기간 동안에 사용할 수 있는 후보의 가용자원은 한계가 있기 때문에, 자원의 효과적인 이용이라는 점을 생각해볼 때, 이러한 이슈 구체화 전략은 선거가 있기 훨씬 이전에 정책 개발을 통하여 수립되어 있어야 한다. 곧, 선거에 대비하여 평상시에 어떤 문제나 이슈의 해결방안은 무엇인지에 관하여 시나브로 준비함으로써, 선거기간 동안에는 가용자원의 많은 부분을 선거 전략의 다른 부분에 돌릴 수 있다.

2. 이슈의 다양화

이슈의 다양화는 어떤 하나의 이슈가 관련된 또 다른 여러 가지의 이슈를 제기시키거나, 여러 개의 아래 이슈로 분화되는 현상을 말한다. 이러한 이슈의 다양화 현상은 이슈 모방전략의 결과로 나타나는 경우가 많다.

예컨대 제6대 대통령 선거에서 박정희 후보에 의해 제기된 '경제발전' 이슈의 아래 이슈로서 '소득증대' 이슈가 있는데, 이 '소득증대' 이슈는 '농어업' 이슈에서 '농어가 소득 배증' 이슈로 분화되고, '구조적 이슈'에서는 '공무원 봉급 두 배 인상' 이슈로 분화된다. 또한 제6대 대통령 선거에서의 '세율 인하' 이슈가 '종합소득세 조정', '대중세 경감 5개 방안', '중소기업 세금 인하', '농지세 면세범위 확대', '상속세 면세범위 확대', '취득세율 인하 보전' 따위의 아래 이슈들로 분화되는 것을 또 다른 예로 들 수 있다. 제7대 대통령 선거 과정상에서 제기된 '중앙정보부 개편' 이슈는 '노동부 신설', '조세심판소 신설', '경찰청 신설' 따위의 이슈를 제기시킴으로써 '행정기구 개편'에 관한 아래 이슈들의 분화를 가져왔고, 박정희 후보에 의하여 전국 각 지역에서 제기된 '교통 이슈'는 '대전-전주 고속도로', '영동 고속도로', '남해 고속도로', '호남 고속도로', '제주 우회도로', '제주 순환도로', '속리산 관광도로', '호남선 복선', '수도권 전철', '서울 지하철 2, 3호선' 따위의 이슈들로 분화되었다.

이와 같은 이슈의 확장은 본질적으로는 하나의 이슈이지만 선거기간 동안에 지역과 계층에 따라 후보자들이 여러 개의 아래 이슈로 분화시키거나 다양화시킴으로써 이루어진다.

일반적으로 볼 때, 이슈의 다양화 전략을 통해 이루어진 이슈의 확장이 상대 후보와의 이슈 갈등을 현격히 증대시킨다고 보기는 어렵다. 왜냐하면 대부분의 경우, 이슈의 다양화는 주로 이슈모방을 통한 선심성 이슈 경쟁의 형태를 띠는 까닭이다.

넷째 마디
이슈 전환전략

 선거기간 동안에 이슈가 발전되는 과정을 살펴볼 때, 처음에 제기되었던 이슈로부터 다른 내용의 이슈로 변화되는 현상이 있다. 이 현상은 이슈 전환전략의 결과로서 나타난다. 곧, 어떤 이슈를 제기하였는데 그것이 상대방의 효과적인 이슈 방어전략에 의하여 이슈 종결이 이루어지는 경우, 종결된 이슈를 그것과 밀접히 관련된 또 다른 이슈로 재정의함으로써 이슈의 내용을 바꾸고, 계속해서 이슈 임자로서 이슈 프레미엄을 얻기 위해 사용하는 이슈 전략이 이슈 전환전략이다.
 예컨대, 제5대 대통령 선거에서 이슈 갈등이 가장 크게 나타났던 후보 자격에 관한 이슈인 '사상논쟁' 이슈는 처음에 박정희 최고회의 의장의 '공화당 입당 자격'에 관한 논쟁으로 시작되었으나, 공화당에서 비상조치법을 개정함으로써 일단락되었고, 선거 3주 전에 박정희 후보의 여순사건 관련 사실이 폭로되면서부터 '사상논쟁' 이슈로 전환되었다. 이에 맞서 박정희 후보 진영에서는 '야당 분열, 부패 정치인, 썩은 정치인, 구정치인, 반혁명자' 따위의 상징을 사용함으로써 이 이슈를 '신구(新舊)대결' 이슈로 전환시키는 전략을 사용하였으나 실패하고, '사상논쟁' 이슈에 휘말려들고 있음을 분석할 수 있다.

또 다른 예로서는 제7대 대통령 선거에서의 '삼선 조항 폐지' 이슈를 들 수 있다. 이 이슈는 야당 후보인 김대중 후보에 의하여 '집권 후 삼선 조항을 폐지하겠다'는 미래 시점에 초점을 둔 이슈로 제기되었으나, 선거 8주 전에는 현재 시점에 초점을 둔 이슈로서 '삼선반대 개헌 발의 운동' 이슈로 바뀌었고, 선거관리 위원회가 개입하여 이 이슈를 위법으로 결정하자, '총통제 음모' 라는 상징을 사용함으로써 이 이슈를 '총통제' 이슈로 전환시키는데 성공하고 있다. 곧, 이 이슈는 선거기간이 경과하면서 '삼선 조항 폐지' 이슈에서 '개헌 발의' 이슈로, 그리고 다시 '총통제' 이슈로 이슈의 전환이 이루어졌다.

이와 같은 이슈의 전환전략은, 상대 후보자의 이슈 반응에 따라 이슈 확장이 막히는 경우 새로운 상징을 사용하거나 관련된 새로운 사실을 제시함으로써, 이슈 임자로서의 위치를 유지하기 위해 사용하는 전략이다.

이슈 전환전략의 수립에는 이슈 제기시 예측되는 상대방 후보의 이슈 반응에 대한 분석이 요구된다. 곧, 이슈 제기에 대한 상대방의 반응을 미리 분석하고, 예측된 상대방의 반응에도 불구하고 그 이슈를 계속 확장시킬 수 있도록 그 이슈와 관련된 정보 및 아이디어를 확보할 필요가 있다.

다섯째 마디
이슈 변질전략

　이슈의 변질이란 선거기간이 흐름에 따라 아젠다 짜는이들의 이슈 정의 및 재정의에 의한 이슈 전환, 또는 이슈의 구체화, 다양화 과정 속에서 이슈의 내용이나 성격상의 변화가 이루어지는 현상을 통틀어 일컫는다. 이슈의 변질현상을 이슈 전략적 입장에서 의도하는 경우 사용되는 이슈 전략이 이슈 변질전략이다.
　이슈 변질전략은 자신에게 불리한 이슈가 상대 후보에 의하여 제기되었을 때, 그 이슈를 자신에게 유리하도록 재정의함으로써 이슈 논쟁의 초점을 변화시키기 위해 사용하는 이슈 전략이다.
　이 전략을 사용하여 변화시키려는 이슈 논쟁의 초점은 여러 가지로 나누어 고찰할 수 있다. 곧, 이슈의 변질은 이슈 발전과정에서 볼 때 여러 가지 방향에서 나타난다. 어떤 이슈는 규범적 성격을 띤 이슈에서 사실적 성격을 띤 이슈로 바뀌기도 하고, 어떤 이슈는 정책 대안이 없던 이슈에서 정책 대안이 구체화되는 이슈로 발전하기도 하고, 어떤 경우는 현재 시점에 초점을 두고 제기한 이슈가 과거 시점의 이슈로 바뀌거나 미래 시점의 이슈로 바뀌기도 한다.

먼저, 그 내용을 분석해볼 때, 이슈의 성격이 시간이 흐름에 따라 추상적인 규범적 이슈로부터 정책 대안을 가진 사실적 이슈로 변화되기도 하고, 그 반대로 변화되기도 한다. 예컨대, 제13대 대통령 선거에서의 '농가 부채 탕감' 이슈는 전자의 보기이고, 제13대 대통령 선거에서의 '국방' 이슈는 후자의 보기이다.

또한 이슈의 변질과정 속에서 현재 시점에 초점을 둔 이슈가 과거 시점에 초점을 둔 이슈로 바뀌거나, 미래 시점에 초점을 둔 이슈로 바뀌는 경우도 있고, 그 반대도 있다.

제5, 6, 7, 13대 대통령 선거에서 분석된 일반적인 현상은 여당 후보는 과거에 초점을 둔 이슈를 미래지향적인 이슈로 변질시키려 했으며, 야당 후보는 그 반대방향으로 변질시키려 했음을 알 수 있다. 제13대 대통령 선거에서 확인된 '광주사태' 이슈, '부정부패' 이슈, '언론정책' 이슈, '인권 보장' 이슈 따위가 전자의 보기이고, 제6대 대통령 선거에서의 '부정부패' 이슈가 후자의 보기이다. 곧, 제6대 대통령 선거에서 박정희 후보는 '부정부패' 이슈를 미래의 정치적 과업에 관한 이슈로 제기하였으나, 윤보선 후보는 이 이슈를 그 당시 정권의 잘못으로 재정의내리고 이슈 공격을 함으로써 과거에 초점을 둔 이슈로 변질시키는 데 성공하고 있다.

이같은 현상은 여당 후보의 경우 과거 잘못이나 실정에 관한 이슈를 될 수 있는 한 미래에 대한 약속으로 방어하려는 전략을 사용하고, 야당 후보의 경우 주로 집권당의 잘못을 비판하는 데 초점을 두고 이슈를 정의하는 것이 유리한 까닭으로 풀이된다.

여섯째 마디 ─────────
이슈 탈취전략

　이슈의 전환은 이슈의 제기자가 계속하여 자신의 이슈를 유지·확장시키기 위한 이슈 재정의 과정 속에서 나타나지만, 이슈의 탈취는 이슈 반응자가 이슈를 재정의하고 계속 반복함으로써 처음의 이슈 제기자보다 훨씬 많은 아젠다 공간을 차지함으로써 새로운 이슈 임자가 되는 현상을 말한다.
　이슈 탈취전략은 자신에게 불리한 이슈를 유리한 이슈로 변질시켜 이슈 논쟁의 초점을 바꿈으로써 유권자들로부터 변화된 이슈의 이슈 임자로서 이슈 프레미엄을 얻으려는 전략이기 때문에 보통 이슈 변질전략과 병행된다. 따라서 이슈의 탈취는 후보자가 의도적으로 상대 후보의 이슈를 빼앗으려고 하기보다는 상대 후보의 이슈에 적극적으로 대응하면서 상대방의 이슈를 변질시키는 과정에서 그 결과로 나타나는 경우가 많다. 그러나 반대로 이슈 전략적 입장에서 자신에게 불리한 이슈에 대하여 이슈 탈취전략을 세우고, 계속 이슈를 자신에게 유리하게 정의내린 결과, 상대 후보의 이슈를 탈취하지는 못하더라도 그 이슈를 변질시키는 결과가 나타날 수도 있다.
  예컨대, 제13대 대통령 선거 아젠다에서의 '인권 보장' 이슈의 경우가 좋은 보기이다. 이 이슈는 처음에는 김영삼 후보가 이슈 임자였으나 노태우 후보에 의하여 탈취된 이슈이다. 김영삼 후보가 이슈 임자로서 제기한 '인권 보장' 이슈는 제5공화국의 가장 커다란 약점이라 할 수 있는 성고문 이슈와 박종철군 물고문 이슈였다. 노태우 후보는 이 이슈가 제기되면 무조건 잘못했다고 시인함으로써 이 이슈의 확장을 막는 한편, 이 이슈를 '구속 인사의 대사면'이라는 이슈로 재정의내리고 이후부터는 구속 인사 석방을 계속 반복함으로써 이 이슈의 이슈 임자가 되었다. 반면에 김영삼 후보는 '성고문', '물고문' 이슈를 반복하여 이 이슈를 증폭시키지 못했기 때문에 이슈 임자로서의 지위를 노태우 후보에게 빼앗겨버리고 이슈 프레미엄을 잃게 되는 우(愚)를 범하였다.
  이 전략은 자신에게 불리한 이슈에 대항하여 사용하는 이슈 전략이기 때문에 상대 후보에 앞서서 스스로 불리한 이슈를 미리 제기할 필요는 없다. 이슈의 성격상 자신에게 불리한 이슈는 상대방 후보의 이슈 탈취전략을 용이하게 하기 때문에 잘못하면 실패하기 쉬운 까닭이다. 예컨대, 제6대 대통령 선거에서의 '부정부패' 이슈가 그러하다. 곧, 선거 13주 전에 박정희 후보의 '부정부패 공무원 색출 지시'로 이 이슈가 시작되었으나, 선거 5주 전 윤보선 후보가 이 이슈를 '헌정 이래 가장 부패한 정권'이라는 보다 강렬한 이슈 상징을 사용하여 과거의 잘못으로 재정의내리고 이슈 공격을 계속 반복함으로써 이슈의 탈취에 성공하였다.

  이 이슈는 박정희 후보가 부정부패 공무원 색출 지시를 통하여 국민들에게 부정부패 척결 의지를 보여줌으로써 이슈 프레미엄을 획득하려고 제시한 이슈였으나, 오히려 야당 후보의 반격으로 이슈 임자의 자리를 빼앗기고 이슈 프레미엄을 상실한 이슈라고 할 수 있다.

일곱째 마디 ─────────────
이슈 상징전략

　이슈 정의 및 재정의 과정을 통하여 나타나는 현상 가운데 하나가 이슈 상징의 변화이다. 이슈를 정의하는 데 어떠한 상징을 어떻게 사용하는가에 따라 이슈가 강화되기도 하고 약화되기도 하며, 전환되거나 변질되기도 하고, 이슈를 빼앗기기도 하며 이슈를 탈취할 수도 있다. 이와 같이 이슈 정의과정에서 가장 핵심이 되는 것이 이슈 상징전략이다.
　이슈 상징전략의 요체는 유권자에게 이슈의 내용을 쉽게 전달하면서 이슈 임자로서의 강렬한 인상을 심어주는 데 있다. 여러 가지 상징들이 이슈를 구체적으로 정의하는 데 동원됨으로써 그 이슈의 내용을 유권자들에게 설득시키기 위해서도 사용되지만, 이슈의 내용을 단순화시키고 함축함으로써 유권자들로 하여금 보다 강렬한 인상을 갖게끔 하는 데에도 사용된다.
　예컨대, 대통령 선거기간 동안에 구호화되는 각 정당의 캐치프레이즈는 이슈 상징전략이 압축된 하나의 작품이며,3) 각각의 이슈가 선거기간 동안에 여러 번의 이슈 정의과정을 거치는 동안 유권자들에게 강렬한 인상을 심어주는 구호의 변천도 다 이슈 상징전략의 산물이다.

　이슈 상징전략에서는 각각의 이슈마다 이슈를 제기하거나 재제기할 때 어떠한 상징을 언제 사용할 것인가를 고려해야 한다.

　이슈 정의과정에서 사용하는 상징은 여러 가지로 분류할 수 있지만, 가장 간단한 그리고 이슈 상징전략에서 가장 중요한 분류방법은 감정에 호소하는 상징과 이성에 호소하는 상징으로 나누는 것이다.

　언제 어떠한 상징을 사용할 것인가는 이슈 내용의 변화과정을

---

3) 역대 선거에서 사용된 구호들을 몇 가지 보기로 들면 다음과 같다.
　제5대　"배고파 못살겠다. 황소라도 잡아 먹자"(민주자유당 송요찬)
　　　　"새 일꾼에 한 표 주어 황소같이 부려 보자"(민주공화당 박정희)
　　　　"군정으로 병든 나라, 민정으로 바로 잡자"(민정당 윤보선)
　　　　"총칼로 망친 살림, 내 한 표로 바로 잡자"(국민의 당 허정)
　제6대　"박대통령 다시 뽑아 경제건설 계속하자"(민주공화당 박정희)
　　　　"독립 위해 싸운 정당, 통일에도 전진한다"(한국독립당 전진한)
　제7대　"번영과 안정의 70년대 이룩하자"(민주공화당 박정희)
　　　　"희망찬 대중시대의 기수 김대중"(신민당 김대중)
　제13대　"보통 사람들의 위대한 시대"(민주정의당 노태우)
　　　　"지속적 물가 안정, 국민소득 5천불 달성"(민주정의당 노태우)
　　　　"민주화냐 군정이냐"(통일민주당 김영삼)
　　　　"국영기업 주식 팔아 농가 부채 탕감하자"(평화민주당 김대중)
　　　　"4랑받고 4랑주자, 4천만의 4번 타자"(신민주공화당 김종필)

추적한 연구 결과에서 찾아볼 수 있다.

　이슈에서 사용되는 상징은 선거기간이 흐름에 따라 강렬해지는 것이 보통이다. 예컨대, 제7대 대통령 선거시의 '삼선 조항 폐지' 이슈는 이슈 제기시의 '삼선 조항 폐지'가 '삼선 조항 철폐'로, 그리고 선거일이 가까워지자 '총통제 연구'에서 '총통제 음모'로 강렬한 상징을 사용하여 재정의되고 있고, '교련 반대' 이슈는 '교련 반대'에서 '교련 폐지'로, 그리고 '교련 철폐'로 이슈에 사용되는 상징이 바뀌고 있으며, '부정부패' 이슈는 '부정부패 일소'가 '부정부패 근절', '부정부패 엄단', '부정부패 제거', '부정부패 추방'으로 바뀌고 있다.

　이러한 점에서 볼 때, 이슈 임자로서 강력한 인상을 심어주기 위해서는, 처음 이슈를 제기할 때 감정에 호소하는 보다 강력한 상징을 사용함으로써 이슈 임자로서의 확고한 지위를 확보하는 것이 좋으나, 가장 강력한 상징은 선거 직전에 사용함으로써 자신의 이슈를 최대한으로 확대시키는 전략을 사용하여야 한다.

　또 다른 예로서, 제6대 대통령 선거에서 제기된 야당 후보의 '군복무기간 단축' 이슈에 대해 반대 입장을 표명한 여당 후보는 '병역기간을 단축하게 되면 40세까지 징집하여야 한다'는 주장을 선거 일주일 전에는 '병역기간 단축의 경우, 50세까지 입대해야 한다'는 주장으로 바꾸고 있는데, 여기에서도 이슈 상징의 변화를 엿볼 수 있다.

　결론적으로 볼 때, 5, 6, 7, 13대 대통령 선거 아젠다를 분석한 결과, 처음 이슈를 제기할 때 사용한 상징은 이슈를 재제기하거나 이슈를 재정의내릴 때마다 점점 더 강력한 상징으로 바뀌는 것이 일반적인 현상으로 확인되었다.

또한 이슈 상징의 변화는 후보자들 사이에 이슈 갈등이 야기되는 이슈의 경우에, 그리고 공격적 이슈인 경우에 훨씬 뚜렷하게 나타난다는 점도 발견되었다. 곧, 공격적 입장에 있는 후보자는 상대방의 반응을 끌어냄으로써 이슈 갈등을 확장시키고 이슈를 부각시키려 하기 때문에, 중립적이고 온순한 용어보다는 감정적이고 격렬한 용어를 사용하여 이슈를 (재)정의내리는 경향이 있다. 이러한 사실들은 이슈 상징전략이 공격적 이슈의 경우에 보다 효과적이라는 점을 시사해준다.

실제적으로 몇 가지 사례에서는 예컨대, 7대 대통령 선거시의 '삼선 조항 폐지'의 경우에는 이슈 재제기시 사용된 상징전략이 상당한 효과를 발휘하였다고 분석된다.

그러나 역대 대통령 선거를 통해 이슈 상징전략을 체계적으로 사용한 낌새는 보이지 않는다. 단지 후보자들이 상대방의 반응에 따라, 그때그때 대응하는 과정에서 보다 강렬한 상징을 사용하였다고 판단된다. 그 이유는 역대 대통령 선거에서 체계적인 이슈전략을 수립하여 선거에 대응할 만큼 이슈 정치학에 대한 지식이 없었던 까닭으로 풀이된다.

여덟째 마디
이슈 전략론의 의미

　아젠다 정치학의 관점에서 볼 때 이슈는 곧 표이다. 그러나 이슈마다 가지는 성격이 다 다르다. 어떤 이슈는 여당 후보에게 유리하고, 어떤 이슈는 야당 후보에게 유리하다. 가장 많은 이슈 프레미엄은 가장 많이 그 이슈를 제기한 사람에게 돌아가는 것이 보통이지만, 어떤 이슈의 경우에는 이슈 프레미엄이 직접적으로 그 이슈의 이슈 제기자에게 돌아가지 않는 것도 있다. 또한 구체적인 정책 대안의 형태로 제시되는 이슈가 있는가 하면, 전혀 정책 대안을 가지지 않는 이슈도 있다. 선거가 끝나면서 자동적으로 해결되는 이슈가 있는가 하면, 그 해결에 많은 시간과 토론과 노력을 요하는 이슈도 있다. 어떤 이슈는 과거의 잘잘못에 기반을 두고 전개되기도 하고, 어떤 이슈는 앞으로의 희망을 약속하기도 한다. 일부 유권자들의 이해관계에 직접 관련되는 이슈가 있는가 하면, 유권자들의 이해관계와는 큰 관련성이 없는 이슈도 있다.
　또한 이슈는 이슈 자체의 삶이 있다. 비록 이슈는 수동적 상태에서 이슈 제기자의 필요에 의하여 탄생되는 것이지만, 일단 태어난 이슈는 나름대로의 생명력이 있어서 상대방의 반응을 끌어내면서 증폭되기도 하며, 다른 이슈와의 경쟁에서 탈락되면서 사라져버리기도 한다. 이슈는 다른 이슈와 연계되어 정의되거나 새로운 상징에 의하여 수식됨으로써 다른 이슈와의 경쟁에서 우위를 차지하기도 하고, 전혀 다른 성격을 띤 이슈로 변질되거나 전혀 다른 종류의 이슈로 탈바꿈하기도 한다. 또한 선거기간 동안에 여러 가지의 아래 이슈들을 퍼뜨리기도 한다.

이와 같은 역동적인 아젠다 짜임과정 속에서 후보들은 자신에게 유리한 이슈를 찾아내거나, 불리한 이슈를 여러 가지 상징을 사용하여 유리하게 재정의함으로써 이슈 임자로서의 이슈 프레미엄을 획득하려 한다. 따라서 어떤 후보자가 자신에게 유리한 이슈나 다른 후보에게 불리한 이슈를 어떻게 찾아내어 어떻게 제기하는가, 그리고 어떻게 이슈 반응을 불러일으키며, 어떻게 증폭시켜나가는가에 관한 것은 물론, 상대 후보의 이슈 제기에 어떻게 반응하는가에 관한 분석은 선거 아젠다의 연구에서 아주 중요한 부분이다.

이 갈래에서는, 제5, 6, 7, 13대 대통령 선거 아젠다 짜임과정에서 나타났던 선거 이슈들의 예를 사용하면서, 이슈 전략 수립 시 고려해야 할 요소들 및 이슈 전략의 유형을 살펴보았다. 여기에서 논의된 여러 가지 이슈 전략들은 각각 그 쓰임이 있으나, 어떤 경우에는 혼합되어 함께 쓰이기도 하며, 이들 전략들이 함께 쓰일 때 더 큰 효과를 가져다주기도 한다.

그러나 이슈 전략의 수립 및 집행에는 많은 비용이 든다. 선거기간 동안에 사용할 수 있는 가용자원은 제한되어 있는데, 이를 보다 효과적으로 사용하려면 평상시에 이슈를 개발하고 정책 대안을 강구하며, 선거에 대비한 기본적인 이슈 전략을 미리 세워 놓아야 한다. 그리고 선거가 진행되는 동안에 기본적인 이슈 전략을 중심으로 하여 상황의 변화에 따라 신축적으로 대응할 수 있어야 한다.

역대 선거 아젠다를 구성하는 이슈들의 정의과정을 분석해보면, 이슈 연계, 이슈 모방, 이슈 구체화 및 다양화를 통한 이슈 확장, 이슈의 전환, 이슈의 변질, 이슈의 탈취, 이슈 상징의 변화 따위의 현상들이 나타나고 있음을 알 수 있고, 이러한 현상은 이슈 변화의 역동성과 더불어 각 후보자들의 이슈 제기 및 반응에 관한 다양한 이슈 전략이 가능하다는 점을 시사한다. 이들을 간단히 요약하면 다음과 같다.

첫째, 자신에게 유리한 이슈나 상대방 후보에게 불리한 이슈를 제기할 것. 뿐만 아니라 새로운 이슈의 가시성을 높이기 위해서는 그 이슈를 자신에게 가장 유리한 이슈와 연계시켜 정의내릴 것. 여당 후보의 경우 과거의 업적과 관련된 이슈 및 미래의 약속에 관한 이슈와 연계시키며, 야당 후보의 경우 과거의 정치적 비정(秕政)에 관한 이슈와 연계시키는 경향이 있다.

둘째, 다른 후보의 이슈를 약화시키고 자신도 그 이슈에 대한 이슈 프레미엄을 얻기 위해서는 이슈 모방전략을 사용할 것. 다른 후보자가 새로운 이슈를 제기하는 경우 즉시 그와 비슷한 종류의 이슈를 제기함으로써 상대 후보의 이슈 프레미엄을 약화시키고, 자신의 이슈 프레미엄을 챙겨야 한다.

셋째, 이슈 모방에 의하여 이슈는 구체화되거나 다양하게 가지를 치기도 하는데, 특히 이슈 모방에 의한 이슈 다양화 전략은 어떤 하나의 이슈를 각 지역이나 계층에 적합한 아래 이슈들로 분화시켜 제시함으로써 어떤 지역이나 어떤 계층의 유권자들로부터 보다 확실한 지지를 얻기 위하여 사용된다. 선심성 이슈의 경우 많이 사용된다.

넷째, 자신이 이슈 임자임을 확고히 하기 위한 한 가지 방법으로서 이슈 구체화전략을 사용할 것. 자신이 제기한 이슈의 구체적인 정책 대안을 계속 반복 제시하여 이슈의 설득력을 높일 수 있고, 이슈 임자로서의 이슈 프레미엄을 얻을 수 있다.

다섯째, 자신에게 불리한 이슈는 이슈 변질전략이나, 이슈 전환전략을 사용할 것. 자신에게 불리한 이슈 공격을 받는 경우 그 이슈를 자신에게 유리하게 재정의내리면서 반응함으로써 상대방의 이슈 공격을 막아낼 수 있다. 이슈를 재정의내릴 때, 그 이슈의 속성을 변경시키거나 내용을 변경시킬 수 있어야 하며, 이때 사용하는 상징은 상대방이 이슈 공격에서 사용하는 것보다 더 강렬하여야 하고 설득력이 있는 것이어야 한다.

예컨대, 당위성을 띠는 규범적 이슈를 정책 대안을 가지는 사실적 이슈로 재정의하거나 과거의 잘못에 초점을 둔 이슈를 미래지향적인 이슈로 재정의함으로써, 원래 자기에게 불리하던 이슈를 유리하게 변화시키는 것이다. 한편, 이슈를 자신에게 유리하도록 재정의할 수 없는 경우에는 그 이슈에 대해 전혀 반응하지 않는 무반응전략도 고려할 수 있다.

이슈 변질전략이나 이슈 전환전략이 성공하면, 상대방으로부터 이슈 임자의 지위를 빼앗아올 수 있다. 곧, 이슈 반응자가 이슈를 보다 강렬한 이슈 상징을 사용하여 이슈를 재정의내리면서 계속 반복함으로써 처음의 이슈 제기자보다 훨씬 많은 아젠다 공간을 차지하고 그 이슈의 이슈 임자가 될 수 있다.

 여섯째, 이슈의 제기 및 재제기시 고려해야 할 가장 중요한 요소로서는 선거일정 및 돌발적인 정치 경제적 사건 및 그 변동뿐만 아니라, 정의내릴 때 사용해야 할 이슈 상징에 대한 고려이다. 일반적으로 말해서, 이슈를 정의내리는 데 사용되는 상징은 이슈를 제기할 때마다 바꾸는 것이 좋고, 선거기간이 흐름에 따라 점점 더 격렬한 상징을 사용하는 것이 보다 효과적이라 할 수 있기 때문이다.

 제5, 6, 7, 13대 대통령 선거 아젠다를 구성하는 이슈들의 전개과정을 분석한 연구 결과에 의하면, 우리나라 대통령 선거에서 여야 후보들의 체계적인 이슈 전략은 거의 없었던 것으로 나타난다. 그 이유는 지금까지 한국의 대통령 선거에서는 정책 대결이 이루어지지 않았을 뿐만 아니라 선거 전략, 특히 이슈 전략, 곧 이슈 제기 및 재제기전략, 이슈 확장전략, 이슈 반응전략, 이슈 탈취전략, 이슈 상징전략 따위에 관한 구체적이고도 체계적인 연구 역시 활발하지 못했던 까닭이다. 따라서 여기에서 논의된 이슈 전략들은 앞으로의 선거에 대비한 체계적 이슈 전략의 수립에 이바지할 수 있을 것으로 본다.

다섯째 갈래
이슈 내용과 이슈 전략

첫째 마디: 정치적 이슈와 이슈 전략
둘째 마디: 안보·외교·통일 이슈와 이슈 전략
셋째 마디: 사회적 이슈와 이슈 전략
넷째 마디: 경제적 이슈와 이슈 전략
다섯째 마디: 선심성 이슈와 이슈 전략
여섯째 마디: 맺음말

선거 아젠다를 구성하고 있는 이슈들을 여러 유형으로 분류하여 이슈 전략을 논의하는 것은 실제 선거에 있어서 매우 유용하게 사용할 수 있다.

이슈의 유형은 그 내용에 따라서 정치적 이슈, 안보·외교·통일 이슈, 사회적 이슈, 경제적 이슈로 분류할 수 있고, 이를 다시 더 세분화하여 더 많은 아래 이슈들로 분류할 수도 있다. 또한 이들 이슈들 가운데 공통된 것으로 선심성 이슈를 덧붙일 수도 있다. 한편, 이슈에 부여되는 이슈 프레미엄의 성격에 따라 정책 관련 이슈, 체제 관련 이슈, 선거 관련 이슈, 후보 관련 이슈로 분류할 수도 있다. 또 다른 분류로서, 이슈가 대상으로 하는 지역에 따라 국가적 이슈(national issue), 광역적 이슈(inter-regional issue), 지방적 이슈(regional issue)로 나눌 수도 있고, 유권자의 계층에 따라서도 여러 가지 이슈로 나눌 수도 있다. 그리고 이슈의 크기와 반응정도에 따라 쟁점 이슈, 독점적 이슈, 가능성 이슈, 별볼일 없는 이슈로 나눌 수도 있다.

이러한 이슈의 분류 유형은 각각의 이슈 유형이 가지는 독특한 특성 때문에, 이슈 전략적 관점에서 볼 때 서로 다른 이슈 전략을 필요로 한다. 곧, 이슈 유형에 따라 이슈 전략은 달라진다.

여기에서는 이슈 전략의 수립에 가장 도움이 많이 된다고 생각하는 이슈 분류의 유형을 가지고 이슈 전략을 논의하려 한다. 곧, 이번 갈래에서는 이슈 내용에 따른 이슈의 분류와 이슈 전략을 간단히 살펴보고자 한다. 다음 여섯째 갈래에서는 이슈 프레미엄에 따른 이슈 분류와 이슈 전략을 논의하려 한다.

역대 선거에서 논쟁이 되었던 이슈들은 전통적인 분류방식에 따라 정치적 이슈, 안보·외교·통일 이슈, 사회적 이슈, 경제적 이슈로 나눌 수 있다. 이렇게 분류할 때 이들 이슈들이 역대 선거에서 어떠한 이슈 전략적 특성을 띠고 있었는지를 예로 들면서 이슈 내용과 이슈 전략의 관계를 살펴보려 한다. 이에 덧붙여서 내용은 여러 가지이지만, 이들 가운데 공통적으로 나타나는 선심성 이슈 경쟁에 초점을 두어 선심성 이슈가 가지는 이슈 전략상의 의미를 규명하려 한다.

첫째 마디
정치적 이슈와 이슈 전략

　우리나라 선거에서 가장 많은 선거 아젠다 공간을 차지하고 있는 것은 정치적 이슈들인데, 지금까지의 선거에서 쟁점이 된 정치적 이슈의 아래 이슈(subissue)들을 구체적으로 살펴보면, 서로 성질이 다른 여러 아래 이슈들로 구성되어 있다는 점을 알 수 있다. 곧, 이들은 크게 정치체제 및 정치적 정통성에 관한 이슈들, 미래의 정치적 과업에 관한 이슈들, 후보 및 선거에 관한 이슈들, 그리고 구조적 이슈들로 잘게 나눌 수 있다.
　따라서 여기에서는 정치체제 및 정통성에 관한 이슈, 미래의 정치적 과업에 관한 이슈, 후보 및 선거에 관한 이슈, 구조적 이슈로 나누어 쟁점으로 등장한 이슈들을 중심으로 하여 이슈 전략을 살펴보려 한다. 왜냐면 이들이 가지는 이슈 자체의 특성이 서로 다르기 때문이다.

1. 정치체제 및 정통성에 관한 이슈

　정치체제 및 정통성에 관한 이슈는 과거나 현재의 정치체제 또는 집권층의 정치적 정통성에 관련된 이슈로서, 선거에 관한 보상-처벌 이론(electoral reward and punishment theory) 가운데 처벌 이론이 적용되는 이슈이다.
　여기에 속하는 이슈들은 대부분 집권당 후보의 정치적 도덕성이나 정통성에 대한 것으로서 과거에 초점을 두거나 현재에 초점을 둔 이슈일 따름이지, 미래의 약속에 관한 정책 대안을 보유한 이슈도 아니고 앞으로 정책 대안이 구체화될 수 있는 이슈도 아니다. 따라서 정치체제가 안정되어 있거나 집권층의 정치적 정통성이 인정되는 경우, 정치체제 및 정치적 정통성에 관한 이슈는 거의 제기되지 않는다.
　그러나 지금까지의 우리나라 선거에서는 정치체제 및 정통성에 관한 이슈들이 항상 제기되어왔을 뿐만 아니라, 선거 때마다 크게 쟁점으로 등장하곤 하였다. 예컨대, 5대 대통령 선거에서는 민정이양 이슈가, 7대 선거에서는 삼선 조항 폐지 이슈가, 그리고 13대 선거에서는 12·12사태 이슈와 광주사태 이슈가 크게 쟁점화되었다.
　이들은 모두 야당 후보들에 의하여 제기된 이슈로서, 당시 집권층의 정치체제 및 정치적 정통성에 대한 이의로서 제기된 공격성 이슈이며 이슈 프레미엄은 이슈 제기자들인 야당 후보들에게 돌아갔을 것으로 분석된다.
　이러한 사실은 평화적 정권 교체가 현재까지 한번도 이루어지지 아니하였다는 사실과 함께, 집권층의 정치적 정통성에 대한 근본적인 문제점이 대통령 선거 때마다 야당 후보들에 의하여 선거의 쟁점으로 등장하였다는 사실을 반영한다고 볼 수 있다.

이러한 점에서 볼 때, 이 유형의 이슈가 전체 아젠다 공간에서 차지하는 비중이 높다는 사실은 정치체제 및 정치적 정통성에 문제가 있다는 사실을 반영해준다.

지금까지의 선거에서는 이 유형에 속하는 이슈들은, 그 자체의 성격상 여당 후보에게는 불리하게 작용하고 야당 후보에게는 유리하게 작용하였다. 따라서 여당 후보의 경우 이 유형에 속하는 이슈들에 대한 대응 전략을 미리 강구할 필요가 있고, 야당 후보의 경우 이에 속하는 이슈들을 제기하고 재제기하며 증폭시키는 이슈 전략이 필요하다.

앞으로의 선거에서 나타날 가능성이 높은 이 종류에 속하는 이슈들로서는 부통령제의 도입에 관한 이슈, 내각제 이슈, 지방자치단체장 선거에 관한 이슈 등을 들 수 있다.

2. 미래의 정치적 과업에 관한 이슈

미래의 정치적 과업에 관한 이슈는 약속이론(promise theory)의 득표전략과 관련된 이슈로서 정치체제 및 정통성에 관한 이슈와는 달리 대부분 구체적인 정책 대안을 가질 수 있는 이슈이다. 그러나 실제적으로 볼 때, 이 유형의 이슈들 가운데 야당 후보가 제기한 이슈들은 대부분 정치체제 및 정통성에 관한 이슈들과 밀접한 관련이 있음을 알 수 있다.

역대 선거에서 이 종류에 속하는 이슈들의 예를 들자면, 부정부패 이슈, 지역감정 이슈, 지방자치 이슈, 거국내각 구성 이슈, 정치범 석방에 관한 이슈, 인권 보장 이슈, 군정 종식 이슈 등을 들 수 있는데, 이들 가운데 대부분의 이슈들이 야당 후보에 의하여 제기되었다. 한편, 여당 후보의 이슈로서는 정치적 안정 이슈가 선거 때마다 한결같이 제기되었다.

이들 가운데, 크게 이슈화되어 쟁점으로 등장한 것은 7대 선거에서의 부정부패 이슈와 13대 선거에서의 정치적 안정 이슈 및 군정 종식 이슈이다. 7대 선거에서의 부정부패 이슈는 부정부패에 대한 공격으로부터 시작되어 시간이 흐름에 따라 부정부패를 막기 위한 정책 대안들이 제시되면서 구체화되었으나, 이 이슈의 규범적 성격 때문에 여야간의 이슈 갈등은 크게 나타나지 않았다. 13대 때의 정치적 안정 이슈는 미래의 추구 목표인 안정을 달성하여야 한다는 당위적인 이슈 개념으로부터 시작하여 혼란과 분열상황에 대한 위협으로 구성된 이슈로서, 그 성격상 정책 대안이 따로이 있을 수 없고, 단지 누가 더 안정을 달성하는 데 적격자인가에 관한 논쟁으로 귀결된 이슈이다. 군정 종식 이슈는 정치적 민주화를 달성하기 위해 군인정치를 반대한다는 내용으로서 선거가 끝난 후에 구체적인 정책으로 전환될 수 있는 성질의 것이 아니어서 정책 이슈에 속하지는 않는다.

이들 가운데 정치적 안정에 관한 이슈는 여당 후보가, 부정부패 이슈와 군정 종식 이슈 등 정치체제나 정치적 정통성에 기반을 둔 미래의 정치적 과업에 관한 이슈들은 야당 후보가 이슈 논쟁을 주도해나갔다는 점에서 볼 때, 이 종류의 이슈들은 나름대로 이슈 프레미엄을 가질 것으로 생각한다.

3. 후보 및 선거에 관한 이슈

후보 및 선거에 관한 이슈들은 공명(부정)선거 이슈, 선거법 개정 및 선거방법에 관한 이슈, 후보 자격에 관한 이슈 등으로 나눌 수 있다. 이들을 역대 대통령 선거에서 분석된 결과들을 토대로 하여 차례대로 나누어 이들이 가지는 특성을 살펴보고 이슈 프레미엄과 관련하여 분석해보면 다음과 같다.

1) 공명(부정)선거 이슈

공명(부정)선거 이슈는 역대 선거 아젠다에서 가장 많은 아젠다 공간을 점유하고 있다. 이 이슈가 선거 아젠다 공간을 가장 많이 차지하고 있다는 사실은 무엇을 의미하며, 그 결과는 누구에게 유리한 것인가? 이 이슈는 다른 이슈와 비교해볼 때 어느 정도의 이슈 프레미엄을 줄 것인가? 이러한 질문들은, 이 이슈가 어떻게 구성되며 어떠한 성격을 가지는가, 그리고 전체 아젠다 공간 속에서 이 이슈와 다른 이슈는 어떠한 관계에 있는가를 분석함으로써 알 수 있다.

공명(부정)선거 이슈는 다른 이슈와는 여러 가지 점에서 다르다.

첫째, 이 이슈는 선거 초반에는 공명 선거를 실시하겠다든가

하여야 한다든가 하는 당위적 이슈로부터 시작되어, 선거 후반에는 부정선거에 관한 수많은 구체적인 사실적 이슈들로 구성되는 모자이크식 이슈이다.

따라서 부정선거 사례에 근거를 두고 선거기간 동안에 계속 제시되며, 이 이슈의 제기자로서는 각각의 후보 진영에 속하는 모든 사람들을 포함한 후보 당사자뿐만 아니라, 중립적 입장에 있다고 할 수 있는 선거관리위원회, 검찰 및 경찰 등의 사법기관, 그리고 언론기관 및 민간단체 등이 주요 이슈 제기자로 등장한다. 특히 언론기관은 그 보도기능 및 사회선도기능 때문에 이 이슈의 제기에 있어서 가장 많은 역할을 담당한다.

둘째, 이 이슈는 시점(時點)상으로 볼 때, 현재에 초점을 둔 이슈이기 때문에, 과거의 잘못에 대한 비판을 통해 반사적 이익을 얻으려는 이슈나 미래에 대한 약속을 제시함으로써 이슈 프레미엄을 얻으려는 이슈와는 그 성질이 전혀 다르다. 곧, 공명선거 이슈는 후보자 당사자들의 이해관계에 직결되어 있는 이슈이지, 유권자들의 직접적 이해관계와 관련된 이슈는 아니다. 따라서 이 이슈를 제시함으로써 얻으려는 이슈 프레미엄의 성격은 과거의 실정에 대한 공격이나, 미래의 비전을 제시함으로써 얻으려는 이슈 프레미엄의 성격과는 다르다.

미래에 초점을 둔 이슈의 이슈 프레미엄이 그 이슈의 임자에게 귀속된다는 것은 이슈 프레미엄 이론상 당연하다. 과거의 실정이나 잘못에 대한 비판은 과거 시점에 초점을 둔 이슈이긴 하지만 미래에 대한 약속이 전제되는 경우가 많고, 비록 그렇지 않다 하더라도 그 이슈를 제시한 후보에게 이슈 프레미엄이 돌아가는 것이 보통이다.

 그러나 공명(부정)선거 이슈는 이 이슈를 제기하였다는 바로 그 사실 때문에 당연히 이슈 프레미엄이 이슈 제기자에게 귀속된다고 보기는 어렵다. 왜냐면 미래에 대한 약속이 거의 없다는 이 이슈 자체의 성격 때문이다. 곧, 유권자는 공명(부정)선거 이슈를 제기한 후보에게 표를 주는 것이 아니라, 단지 부정을 자행한 후보자로부터 멀어질 따름이라고 보는 것이 보다 합리적이다.

 예컨대, 어떤 후보(A)가 상대방 후보(B)의 부정선거 사례를 공격하는 경우, B후보는 유권자들에게 나쁜 인상을 주기 때문에 B후보의 득표 기반은 잠식될 것이지만, 부정선거 사례를 제시했기 때문에 유권자들이 A후보에게 투표한다고는 말할 수 없다. 왜냐하면 유권자들은 이 이슈 때문에 B후보에게는 표를 던지지 않을지 모르나, A후보 이외의 다른 후보(C)에게 투표할 가능성도 있는 까닭이다. 단지 A후보에게 표를 던진다면, A 후보에 대한 동정심이 작용하는 경우나, 다른 어떤 요인―예컨대 다른 어떤 이슈에 대한 이슈 입장―때문에 A후보에게 호감을 가지고 있는 경우일 것이다. 이런 점에서 볼 때, 공명(부정)선거 이슈를 제시하였기 때문에 이슈 프레미엄이 이슈 제기자에게 돌아간다고 보기는 어렵다.

 셋째, 이 이슈는 선거 직전에 극대화되는 경향이 있다. 그것이 어느 한 후보의 이슈 전략에 의한 고의적인 것이든, 아니면 득표를 극대화하기 위해 부정을 저지르는 과정에서 자생적으로 생성된 것이든간에, 역대 선거 주기를 살펴볼 때, 선거일 일주 전부터 선거일에 이르는 한 주 동안에 이 이슈는 가장 많이 팽창되고 있음을 보여준다(<표 3> 참조).

<표 3> 주별 공명(부정)선거 이슈 크기(역대 대통령 선거의 경우)
(단위: 段 수)

	선거전 7주	6주	5주	4주	3주	2주	1주	합계
5대	13	61	9	67	40	29	126	345
6대	6	37	86	42	57	91	121	531
7대	18	13	7	16	20	55	49	450
13대	14	4	25	54	20	77	159	363
평균	13	29	32	45	34	63	114	422

* 역대 선거 아젠다의 형성기간은 5대가 7주, 6대가 13주, 7대가 28주, 13대가 11주이다. 이 표에서는 선거 7주전부터 각 주의 이슈 크기를 제시하였고, 합계는 선거 아젠다 형성기간 동안에 제기된 공명(부정)선거 이슈의 전체 크기이다.
** 출처: 송근원 (1993 간행 예정), 『선거정치론』.

넷째, 선거 주기와 관련된 이슈(재)제기전략상으로 볼 때, 선거직전이 가장 중요한 시기이며, 후보자들이 자신의 이슈를 극대화시켜야 하는 시기임에도 불구하고, 이슈 프레미엄이 불분명한 공명(부정)선거 이슈가 가장 많은 아젠다 공간을 차지한다는 사실은 이 이슈가 다른 이슈들의 아젠다 공간을 잠식하고 있다는 것을 의미한다. 따라서 이 이슈는 아젠다 공간을 잠식당한 후보자에게 불리하게 작용한다고 할 수 있다.

제한된 아젠다 공간을 차지하기 위한 이슈 경쟁이라는 관점에서 제5대, 6대, 7대, 13대 대통령 선거일 일주 전의 이슈 크기를 자료로 하여 이 이슈와 다른 이슈들의 관계를 분석해보면, 여당 후보의 이슈는 이 이슈에 의하여 크게 잠식당하지 않으나, 야당 후보의 이슈는 비교적 많이 잠식당하고 있다는 사실이 분석된다.

공명(부정)선거 이슈가 여당 후보에게는 유리하고 야당 후보에게는 불리하게 작용한다는 사실은 여야 후보의 아젠다 공간에서 공명(부정)선거 이슈가 차지하는 비율을 볼 때 더욱 더 명백해진다.

<표 4> 공명선거 이슈의 후보별 이슈 점유도

(단위: %)

후보이름	5대	6대	7대	13대
박정희	22.0 (80/363)	12.1 (89/734)	8.1 (83/1031)	
노태우				5.9 (42/706)
윤보선	26.0 (61/235)	31.9 (171/536)		
김대중			15.9 (123/773)	14.4 (67/464)
김영삼				12.2 (71/583)
김종필				18.7 (59/315)

* 괄호안: 후보별 공명(부정)선거 이슈 크기/후보별 총이슈크기.
** 출처: 송근원·나중식(1992), 「대통령 선거 아젠다 분석―제5, 6, 7, 13대 재통령 선거이슈를 중심으로」, 한국의회발전연구회 연구비 지원 논문.

<표 4>가 보여주듯이, 여당 후보의 아젠다 공간은 야당 후보의 아젠다 공간보다 큰 데 비하여, 공명(부정)선거 이슈 공간은 야당 후보의 것이 여당 후보의 것보다 더욱 크다. 따라서 여당 후보의 총이슈공간에서 차지하는 공명선거 이슈의 비율은 야당

후보의 그것보다 훨씬 작다. 이러한 사실은 여당 후보의 이슈는 이 이슈에 의하여 크게 잠식당하지 않으나 야당 후보의 이슈는 이 이슈에 의하여 비교적 많이 잠식당하고 있다는 사실을 지지해준다.

따라서 이 이슈는 결과적으로 여당 후보에게는 아주 유리하고, 야당 후보에게는 아주 불리한 이슈라 할 수 있다. 더욱이 부정선거를 자행하기가 쉬운 여건에 있는 여당 후보에 맞서는 야당 후보의 경우에는, 선거 막바지에 이르러 부정선거 사례 등이 당사자인 후보자에게 미치는 직접적인 영향이 크므로 이를 방치할 수 없는 까닭에 이 이슈를 제기하지 않을 수 없게 된다. 따라서 이 이슈에 힘을 쏟다보면, 이 이슈에 의해 자기 자신이 이슈 임자인 다른 이슈를 극대화시키지 못함으로써, 스스로 제기한 공명(부정)선거 이슈에 의하여 자신의 이슈 공간을 스스로 잠식하게 된다.

이러한 사실을 볼 때, 부정선거 사례 자체는 상대방 후보가 그것을 아무리 이슈화하더라도 그것이 3·15 부정선거와 같은 양상이 되어 혁명으로 연결되지 않는 한, 부정선거를 행한 후보에게 유리하게 돌아간다. 그 이유는 지금까지 논의한 바와 같이 공명(부정)선거 이슈의 제기가 이슈 제기자에게 이슈 프레미엄을 반드시 가져다주지도 않으며, 오히려 자신의 다른 이슈 공간을 잠식하는 까닭이다. 그러나 그렇다고 하여 부정선거 사례를 방치할 수도 없다. 만약 방치하는 경우에는 그것이 곧 자신의 표나 상대방의 표와 직접 연결되는 까닭이다.

따라서 선거 직전에는 할 수 있는 한 부정선거를 행하는 편이 유리하다. 그렇게 함으로써 비록 비윤리적이고 부정적인 것이긴 하지만, 부정선거를 통해 얻은 표로 당선될 수도 있고, 당선되는 경우 당선이라는 사실 자체가 가지는 편향된 힘으로서의 권력(일종의 기득권)을 사용하여 상대방을 제압할 수도 있다. 만약 상대방이 선거기간 동안에 이를 이슈화한다 하더라도 선거가 끝나면 유야무야되며 이슈화 자체가 상대방 후보에게 이슈 프레미엄을 가져다주지도 않는다. 상대방 후보가 부정선거 사례를 발견하거나 막기 위해 정력을 소모하는 동안에 부정선거를 행하는 측에서는 상대방의 부정선거 항의에 대해 변명하거나 그 이슈에 동참할 필요없이 자신이 이슈 임자인 이슈를 보다 확대하는 데 신경을 쏟음으로써 유권자들로부터 이슈 프레미엄을 획득할 수 있다.

한마디로 말해서, 공명선거가 보장되는 경우 정직하게 선거법을 지키는 후보가 훨씬 유리하다. 반대로 부정선거가 이루어지는 경우, 부정을 저지르는 후보가 훨씬 유리하다.

결론적으로 말해서, 공정한 경쟁이라는 점에서 선거가 이루어지기 위해서는, 선거기간 동안이나 선거가 끝난 후에도 부정선거의 사례가 발견되는 경우 이를 철저히 처벌함으로써―예컨대, 당선 무효 등― 정직하게 선거법을 지키는 후보가 불이익을 당하지 않도록 하여야 한다. 곧, 선거법의 개정은 부정선거가 가지는 프레미엄보다 훨씬 더 가혹한 처벌을 전제로 하여 이루어져야 한다.

2) 선거법 개정 및 선거방법에 관한 이슈

선거법에 개정에 관한 이슈와 선거방법에 관한 이슈 역시 후보자들에게는 직접적인 이해관계가 걸려 있는 이슈이지만, 유권자의 이해관계와 직접적으로 관련된 정책 대안을 가진 이슈는 아니다. 그러므로 이들 이슈가 여야 후보간에 쟁점 이슈로 등장하였다 해도 득표로 연결되는 이슈 프레미엄은 거의 나타나지 않을 것으로 분석된다.

단지 이들 이슈가 선거 때마다 나타났다는 사실은 선거제도를 포함한 정치제도가 정착되지 못하고 안정적이지 못하였다는 사실을 반영해준다.

이 이슈의 이슈 임자는 대부분 야당 후보들이다. 그리고 이 이슈는 공명(부정)선거 이슈와 마찬가지로 이슈 임자에게 이슈 프레미엄도 거의 주지 않으면서 이슈 임자의 아젠다 공간을 잠식한다.

결과적으로 이 이슈는 선거법의 개정이나 선거 방법의 결정에 유리한 입장에 있는 집권당에게 유리하게 작용하는 이슈라 할 수 있다. 예컨대, 대통령 선거일의 결정이나 선거운동 방법에 관한 규제 등이 여당과 야당에 의하여 논의된다고는 하나, 이러한 사항들이 그때그때 집권당에게 유리한 방향에서 자의적으로 결정될 수밖에 없는 까닭이다.

따라서 이 이슈는 역대 선거에서 여당 후보의 이슈 전략으로 악용되어왔다. 곧, 여당 후보는 이 이슈를 제기해놓고 차일피일 미룸으로써 상대 후보의 정력과 관심을 이 이슈에 소모하도록 놓아두고는, 자신은 자신이 이슈 프레미엄을 얻을 수 있는 이슈들을 계속 제기하는 전략을 사용한다. 그러다가 이 이슈에 관해 결정을 내릴 시점이 되면, 행정력을 동원하여 결국 자기에게 유리하도록 결정해버린다.

이 이슈의 이슈 점유도는 선거방법에 있어서의 불공정성을 반영해준다. 곧, 이 이슈가 선거 때마다 제기된다는 사실은 선거제도의 정착이 이루어지지 않고 있다는 사실과 함께, 여당 후보에게 유리하고 야당 후보에게 불리한 불공정한 경쟁으로서의 선거가 계속되고 있음을 의미한다.

따라서 대통령 선거일을 대통령 임기가 끝나는 해의 ○월 ○째주 ○요일로 미리 확정해놓고, 공식적인 선거방법이나 선거운동 개시일 등도 미리 규정해놓음으로써 후보들 사이의 경쟁의 공정성을 보장하는 방향에서 선거법이 개정되어야 한다.

3) 후보 자격에 관한 이슈

후보 자격에 관한 이슈는 후보자의 개인적 자질, 능력 또는 후보자가 가지고 있는 이념 따위에 초점을 두는 이슈로서, 그 성질상 정책 대안을 가질 수 있는 정책 이슈(policy issue)는 아니다.

그러나 이 이슈는 정책방향과 정책능력에 직접적으로 관련되어 있는 이슈로서, 다른 정책 이슈를 판단하는 데 있어서 기본이 되는 매우 중요한 이슈라 할 수 있다.

예컨대, 대통령 당선자의 이념은 정책방향에 결정적 영향을 미치며, 그의 지적 능력이나 판단능력, 통솔력 등은 정책 개발 및 수행에 직접적으로 관련되어 있다.

또한 후보자의 정직성, 도덕성, 신뢰성 따위는 정책방향이나 정책능력을 따지기 이전의 문제로서 그들이 내세운 다른 정책 이슈의 진위 여부를 판단하는 데 있어서 기본이 되는 요소들이다.

따라서 이 이슈의 이슈 프레미엄은 이 이슈에 의하여 직접적으로 표와 연결되기도 하지만, 다른 이슈의 판단에 작용하여 다른 이슈의 이슈 프레미엄에 가산점을 주거나, 다른 이슈의 이슈 프레미엄을 깎아내리는 데 작용하기도 한다.

후보 자격에 관한 이슈를 이와 같이 후보자의 정직성, 도덕성, 신뢰성 등 인성(personality)에 관한 이슈, 후보자의 지적 능력, 지도력, 협상력 등 정책능력(ability)에 관한 이슈, 그리고 후보자의 이념(ideology)적 성향에 관한 이슈로 나눌 수 있다. 예컨대, 제5대 대통령 선거 때에는 후보자의 이념적 성향에 초점이 맞추어졌고, 6대와 7대 때는 후보자의 지도력에 초점이 두어졌으며, 13대 때는 후보자의 성품에 초점이 두어졌다고 분석된다. 곧, 5대 대통령 선거에서는 박정희 후보의 사상적 전력이 크게 쟁점화되었으며, 6대, 7대 때는 후보자의 경제 개발과 연관된 정책능력에 초점이 두어졌고, 13대 때에는 후보자의 신뢰성에 초점이 두어졌다.

제5대 대통령 선거에서 이 이슈가 크게 쟁점화된 것은 박정희 후보의 사상적 전력이 쟁점으로 부각되었던 까닭이다. 따라서 박정희 후보에게 이 이슈가 결코 유리한 이슈는 아니었으나, 당시 야당의 극심한 분열 때문에 이 이슈의 이슈 프레미엄 효과는 분명하지 않다고 분석된다.

후보의 이념적 성향에 관한 이 이슈는 6대 대통령 선거에서 야당 후보 진영에 의하여 재제기되었으나 불발에 그치고 말았으며, 박정희 후보의 경제 발전에 관한 영도력에 관한 이슈가 여당 후보 진영에 의하여 제기됨으로써 정책능력에 관한 이슈로 바뀌었다.

제7대 때에도 이 이슈는 정책능력에 관한 것으로서 여당 후보가 이슈 프레미엄을 얻은 이슈라 할 수 있다. 한편 13대 대통령 선거에서는 이 이슈가 노태우 후보에 의하여, 보통사람 이슈로 포장되어 나타났으며, 노태우 후보에게 이 이슈의 프레미엄이 귀속되었다고 분석된다.

이러한 이슈 변화과정을 살펴볼 때, 후보 자격에 관한 이슈 역시 과거 시점의 잘못에 초점을 둔 이슈—사상적 전력, 또는 과거의 도덕성 따위—와 과거의 공적을 기반으로 하여 미래의 비전과 연결된 이슈—예컨대, 군 통수능력이라든지, 경제 발전 등의 정책능력에 관한 이슈 따위—로 나눌 수 있는데, 일반적으로 볼 때 앞의 것은 여당과 야당의 공격적 이슈로서 사용되었고, 뒤의 것은 주로 여당 후보의 독점적 이슈로서 사용되어왔다.

4. 구조적 이슈

역대 선거에서 구조적 이슈는 그렇게 큰 아젠다 공간을 차지하지는 아니하였으나 꾸준히 제시되었는데, 행정구역 개편에 관한 이슈, 행정기구 신설 및 폐지에 관한 이슈, 민원 처리기간의 단축이나 민원서류 간소화 등 행정절차에 관한 이슈, 공무원 인사교류, 훈련, 신분 보장 등 인사행정에 관한 이슈 따위로 구성된다.

　이 종류에 속하는 이슈들이 득표 대상으로 삼고 있는 대상 층은 국민 전체인 경우도 있고, 특정 지역인 경우도 있으며, 공무원 층을 대상으로 하는 경우도 있는데, 이 이슈들 가운데 많은 이슈들이 선심성 이슈의 성격을 띠며 제기되었다.

　이들 이슈들은 정부 조직 및 기구와 관련된 정책 대안을 가진 이슈로서 대부분 여당 후보들에 의하여 제시되었다. 그 이유는 집권당이 행정 경험뿐만 아니라, 정보의 수집 등에 있어서 유리한 위치에 있기 때문으로 풀이된다.

　이 이슈는 이슈 프레미엄이 이슈 제기자에게 귀속되는 이슈이므로 여당 후보나 야당 후보나 여기에 속하는 이슈들의 개발 및 이슈 제기에 관심을 가져야 할 것으로 본다.

둘째 마디
안보·외교·통일 이슈와 이슈 전략

　지금까지 우리나라 선거에서 쟁점이 되었던 안보·외교·통일 이슈는 실제적으로 분리하기 어려운 경우가 많으나, 안보 이슈, 외교 이슈, 통일 이슈로 나누고, 차례로 그 아래 이슈들이 가지는 이슈의 성격 및 이슈 프레미엄과의 관계를 살펴보면 다음과 같다.

1. 안보 이슈

　안보 이슈는 '반공', '국방력 강화' 등의 추상적인 당위적 이슈부터, '군 복무 단축', '징병연령 초과자 구제' 등의 구체적 실리적 이슈와 '간첩 사살' 등 위기의식을 조장하는 위하(威嚇) 이슈 따위로 구성된다.
　여기에 속하는 이슈들은 제5대 대통령 선거에서는 거의 쟁점이 되지 아니하였고, 6대 선거에서는 군 복무 단축 이슈와 국방에 관한 이슈가 쟁점으로 등장하였다. 이때 군 복무 단축 이슈는 윤보선 후보가 이슈 임자이고, 국방에 관한 이슈는 박정희 후보가 이슈 임자이다.

제7대 대통령 선거에서는 예비군 폐지 이슈와 국방 안보에 관한 이슈가 선거의 주요 쟁점으로 등장하였다. 김대중 후보에 의하여 제기된 예비군 폐지 이슈는 박정희 후보가 국방상의 안보 이슈와 연계시켜 보다 더 크게 이 이슈를 재정의내림으로써 이슈 프레미엄을 얻지 못한 것으로 분석되며, 국방 안보 이슈는 김대중 후보의 '4대국 보장론'으로 제안되어 여야 사이의 커다란 이슈 논쟁을 불러일으켰으나, 박정희 후보가 이 이슈를 그 당시 국민들의 반공의식과 국가 안보상의 위기의식에 연결시키는 데 성공함으로써, 집권당 후보인 박정희 후보가 훨씬 많은 이슈 프레미엄을 얻었다고 분석된다.

13대에는 예비군 기간 단축 이슈 등의 실리적 이슈와 국방 안보에 관한 당위적 이슈가 제기되었는데, 실리적 이슈는 야당 후보에 의하여, 당위적 이슈는 여당 후보에 의하여 제기되었다. 이때 이슈의 프레미엄은 노태우 후보에게 돌아간 것으로 분석되었다.

이상에서 알 수 있는 바와 같이, 안보 이슈는 크게 일정 계층 —예컨대, 예비군 대상자나 군 복무자 또는 군 복무대상자—의 이해관계와 직결된 실리적 이슈와, 국방의 위험을 강조하는 당위적 이슈로 나눌 수 있는데, 제5대, 6대, 7대, 13대 대통령 선거 이슈로서 앞의 것은 야당 후보들이 주장하였고, 뒤의 것은 여당 후보들이 주장하였으며, 이슈 프레미엄은 여당 후보에게 돌아갔다고 분석된다.

  곧, 우리나라의 남북 대치라는 현실적 상황 때문에, 지금까지의 대통령 선거에서 논의된 안보 이슈는 실리적 이슈보다도, 위하 이슈를 포함한 당위적 이슈가 더욱 이슈 프레미엄이 컸으며, 결국 여당 후보가 더 많은 이슈 프레미엄을 얻었다고 할 수 있다.

  안보 이슈는 국제 정세의 변화에 따라, 특히 동북아시아를 둘러싼 강대국들간의 역학 관계에 따라 많은 영향을 받기 때문에, 고르바초프 등장 이후 야기된 소련 연방의 해체, 한소수교 및 한중수교의 체결, 북한과 미국간의 관계 개선, 북한과 일본간의 관계 개선 등의 변화는 앞으로의 선거에서 나타나는 안보 이슈의 이슈 프레미엄의 성격에 큰 영향을 미칠 것으로 보인다. 곧, 기존에 여당 후보들이 써먹었던 위하 이슈로서의 안보 이슈는 이전의 선거에서와 같이 큰 이슈 프레미엄을 주지는 못할 것으로 생각한다.

2. 외교 이슈

  외교 이슈는 안보 이슈와 마찬가지로 국제 정세와 밀접하게 관련된 이슈인데, 제5대 대통령 선거에서는 한일수교 이슈와 유엔 가입 이슈, 외자 도입 이슈, 재일동포 권익 옹호 이슈 등이, 제6대에는 한일국교 정상화에 관한 이슈, 월남 파병에 관한 이슈, 외채 차관에 관한 이슈 따위가, 제7대에는 대일 청구권 이슈, 재일동포 영주권 이슈, 유엔 가입 이슈가, 제13대에는 북방외교, 남북한 교차승인, 북한과의 올림픽 협상, 중공 방문 이슈 따위가 통일 이슈와 어우러져 제기되었다.

이들 이슈들은 거의 대부분 이슈 크기가 작을 뿐만 아니라 선거기간 동안에 간헐적으로 제기되어왔기 때문에, 역대 대통령 선거 아젠다에서 크게 쟁점으로 부각되지는 아니하였고 이슈 프레미엄도 크지는 아니하였을 것으로 판단된다. 곧, 외교 이슈는 유권자들이 후보자 선택시 크게 영향을 미친 이슈라고는 할 수 없다. 그러나 남북 통일이 이루어지고 국력이 신장되면 이 이슈가 중요한 이슈로 부상할 가능성은 있다고 생각한다.

이 이슈 역시 여당 후보가 더 많이 제기하였는데, 그 이유는 여당 후보가 더 많은 정보를 얻을 수 있는 유리한 위치에 있었던 까닭으로 풀이된다.

3. 통일 이슈

통일 이슈는 6·25를 겪은 남북한 사이의 문제이기도 하지만, 외세에 의해 남북이 갈라졌으며, 국제 정세의 변화 속에서 이슈가 제기되어왔다는 점에 이 이슈의 특징이 있다. 따라서 국제 정세의 변화에 대한 전문지식과 선견 능력이 있어야만 제시할 수 있는 이슈이기도 하다. 곧, 대외관계에 관한 전문지식이 없는 경우, 구체적인 정책 대안에 관하여 제시하지 못하고, '평화통일', '자주통일', '반공통일', '통일기반 조성', '국력 배양을 통해 통일' 등 막연한 구호에 지나지 않는 당위적 이슈만 제기할 수밖에 없다.

또한 이 이슈는 다른 이슈와의 아젠다 공간을 차지하기 위한 경쟁관계에서 볼 때, 제5대 때의 정치적 이슈, 6대 때의 경제 개발 등에 관한 이슈, 7대 때의 안보 이슈 및 경제 이슈, 13대 때의 정치적 이슈 때문에 크게 이슈화되지 못하였다.

따라서 제5대, 6대 때의 통일 이슈는 막연한 주장에 그쳤을 뿐이며, 그나마도 보다 구체적인 논쟁이 이루어진 것은 7대 선거 때이다. 7대 대통령 선거에서는 당위적 이슈로서의 통일 이슈와 함께, 보다 구체화된 통일방안을 제시하는 이슈로서, 김대중 후보의 '남북교류론'에 대한 논쟁이 있었다. 그러나 김대중 후보의 남북교류론은 대외 정세에 관한 관심과 전문지식이 없는 국민들을 이해시키고 설득하는 데는 실패한 것으로 분석된다. 한편, 여당 후보인 박정희 후보는 이 이슈를 당시의 안보 이슈와 연계시켜 불안의식을 조장하는 데 성공함으로써 이 이슈의 확산을 막는 데 성공하고 있다.

이 이후, 이 이슈는 평상시에도 국민들의 논의를 봉쇄했던 없이슈(non-issue: 논의되지 못하도록 억압된 이슈)로서의 특징을 띠게 되었다. 곧, 유신체제하에서 이 이슈는 대통령인 박정희의 독점적 이슈였고 국민들이나 정치인들조차도 이 이슈를 제기하지 못하도록 억압하였다. 그 결과 이 이슈의 제기에 따르는 신변의 위험이 국민들을 사회화시켜 이 이슈의 활발한 논의를 억압해왔었고, 아직까지도 그 영향이 남아 있다고 할 수 있다.

13대에는 오단계 통일론, 통일 삼단계론, 미일중소 교차승인론, 공화국 연방론 등의 통일방안에 관한 이슈가 제기되었고, 남북

공존 교류체제, 남북 각료회담 등 남북관계 개선에 관한 이슈들이 제시되었으나 크게 이슈화하지는 못했는데, 그 주이유는 체제와 관련된 이슈들이 선거 쟁점으로 크게 이슈화하였던 까닭이다.

 이 이슈는 비록 지금까지는 다른 이슈들에 가려 빛을 보지 못하였으나, 전국민들의 관심, 특히 북으로부터 남하한 실향민들의 관심을 끌 수 있는 이슈라는 점에서, 그리고, 남북간의 긴장 완화 및 탈냉전 쪽으로 흐르는 세계 정세의 변화로 인하여 앞으로 크게 이슈화될 가능성이 매우 높은 이슈라고 생각한다.

 따라서 앞으로의 선거에 나서는 후보들이 이 이슈로부터 이슈 프레미엄을 얻으려면, 국민들에 대한 설득력을 갖춘 보다 실현가능성이 높은 통일방안의 개발이 요구된다.

 곧, 이 이슈의 이슈 프레미엄은 해빙 무드라고 하는 환경적 조건 이외에도 두 가지 요건, 곧 쉽게 정의되어 국민들을 설득할 수 있어야 한다는 요건과, 보다 실현가능한 현실적 대안을 제시하여야 한다는 적실성에 관한 요건의 두 가지 요건을 요구한다.

셋째 마디
사회적 이슈와 이슈 전략

　사회적 이슈는 빈곤, 영세민, 장애자, 사회보장제도, 교육, 노동, 주택, 여성, 보건, 환경, 소비자 보호, 부정 식품, 인구 분산, 문화에 관한 이슈들로 구성되는데, 구체적인 정책 대안이 강구될 수 있는 이슈들이고, 이슈 프레미엄은 이슈 제기자에게 귀속되는 이슈들이다. 곧, 정책적 대안이 제시될 수 있는 정책 이슈(policy issue)에 속한다.
　그러나 이들 가운데 지금까지 우리나라 선거에서 크게 이슈화된 것은 거의 없다. 이슈를 쟁점 이슈, 독점적 이슈, 가능성 이슈, 별볼일 없는 이슈로 분류하는 경우, 사회적 이슈들은 대부분 별볼일 없는 이슈에 속하였고, 극히 일부만이 가능성 이슈에 속하였다 할 수 있다. 예컨대, 5대 대통령 선거에서의 교육 이슈, 7대에서의 교육 및 노동 이슈, 13대에서의 노동 이슈, 주택 이슈 따위가 어느 정도 이슈화될 수 있는 가능성을 보였을 뿐이다.
　이와 같이 크게 이슈화하지 못한 이유는 이슈 경쟁이라는 점에서 설명할 수 있다. 곧, 정치적 이슈, 안보 이슈, 경제적 이슈들이 유권자들의 관심을 끎으로써 사회적 이슈는 아젠다 공간을 차지하기 위한 이슈 경쟁에서 이들 이슈들에게 패배한 이슈라 할 수 있다.

그러나 이 이슈는 정치적·경제적으로 안정되고 안보상의 문제가 어느 정도 해결되면, 다른 어떤 이슈들보다 경쟁력이 높아지고, 국민들의 관심을 끌 수 있는 이슈라고 생각한다.

이 이슈는 이슈 프레미엄을 얻을 수 있는 정책 이슈이며, 앞으로 정치·경제·안보적 상황이 안정되는 방향으로 나간다고 볼 때, 앞으로의 선거에서는 크게 쟁점화될 수 있는 이슈라고 본다.

따라서 이 유형에 속하는 이슈의 이슈 프레미엄을 얻기 위해서는 후보자들이 이 유형에 속하는 이슈들의 해결방안을 마련하는 데 힘써야 한다.

넷째 마디
경제적 이슈와 이슈 전략

　경제적 이슈는 경제 발전, 농어업, 금융, 조세, 교통, 물가, 중소기업, 증권 등에 관한 이슈들로 구성되는데, 구체적인 정책 대안이 뚜렷이 제시될 수 있는 이슈들이다. 이들 가운데 역대 대통령 선거에서 가장 많이 쟁점화된 것은 경제 발전 및 농어업에 관한 이슈들이다.
　경제 발전 이슈는 제5대 대통령 선거에서부터 박정희 후보에 의하여 제기되었으나, 사상논쟁 등의 이슈 때문에 그렇게 큰 이슈로 등장하지는 못하였다. 그러나 6대 선거에서는 이 이슈가 가장 중요한 이슈로 부각되어 선거의 쟁점이 되었고, 7대 때에는 안보 이슈 때문에 가장 중요한 이슈는 아니었으나 이슈 점유도가 매우 높은 가시성이 큰 이슈에 속하였고, 13대 때에는 정치적 이슈들 때문에 그렇게 활발한 이슈 논쟁이 이루어지지는 아니하였으나 역시 중요한 이슈로 취급되었다.
　이 이슈는 5대 대통령 재임 기간에 이루어놓은 경제 발전으로 말미암아 박정희 후보는 6대, 7대에서도 계속 이 이슈의 주도권을 잡았고, 이 이슈의 이슈 프레미엄을 획득하였다. 곧, 6대, 7대로 이어진 경제 발전에 관한 이슈는 공약의 이행에 따른 보상적 이슈의 성격을 띠고, 여당 후보인 박정희 후보의 독점적 이슈로서 박정희 후보에게 이슈 프레미엄이 귀속된 이슈이다.

한편, 제5대 대통령 선거에서 농어업 이슈는 이슈 점유도가 적은 이슈였으나, 6대 선거에서는 농민들의 직접적인 이해관계와 관련된 이중곡가제 이슈와 비료값 인하 이슈로 크게 제기되었고, 7대 선거에서도 곡가정책 이슈, 농어촌 근대화 및 소득증대 이슈 등으로 제기되어 중요한 이슈로 취급되었다. 제5, 6, 7대에 있어서 이 이슈의 임자는 여당 후보인 박정희 후보였으며, 이슈 프레미엄도 박정희 후보에게 귀속되었다고 분석된다. 한편 13대에 제기된 농가 부채 탕감 이슈는 후보자들의 이슈 입장을 뚜렷이 보여주는 이슈로서 선거일이 가까워짐에 따라 추상적 주장으로부터 구체화된 이슈 방안까지 개발·제시되어 논쟁을 불러일으킨 정책적 성격이 아주 뚜렷하게 나타난 이슈로서의 특징을 가진다.

경제적 이슈의 경우 이슈 전략은 따로 없다. 여기에 속하는 이슈들이 대부분 정책 이슈에 속하며, 이슈 프레미엄이 이슈 제기자에게 귀속될 것으로 볼 때, 경제적 이슈의 개발 및 해결방안에 관한 사전 준비를 통해 적시에 이슈를 제기하고 재제기하는 것이 필요하다.

단지 경제적 치적에 기반을 두고 미래의 약속으로서 이슈를 제시하는 경우 집권당 후보에 유리할 것이고, 경제 정책의 실패에 초점을 두고 미래의 약속으로서 이슈를 제기하는 것은 야당 후보에게 유리할 것이다.

다섯째 마디
선심성 이슈와 이슈 전략

 선심성 이슈란 좁은 범위의 지역주민이나, 유권자층을 대상으로 하여 그들에게 이익을 부여하는 내용의 이슈로서 전국적 이슈라 할 수 없는 까닭에 내동팅 선거 아젠다 이슈로서는 별로 적절하다고 보기 어려운 이슈이지만, 그 성격상 이슈 프레미엄을 얻기는 쉬운 이슈들을 말한다.
 역대 선거 아젠다를 분석해본 결과, 어떤 후보가 선거구민들에게 이익을 줄 수 있는 이슈를 제기하는 경우, 다른 후보는 그 이슈를 공격하지 아니하고 또 다른 선심성 이슈를 제기함으로써 선심성 이슈 경쟁이 나타나는 경향이 있음이 분석되었다. 그 까닭은 직접적인 이익이 부여되거나 될 가능성이 있는 유권자층에 대한 상대방 후보의 선심성 공약에 대한 명백한 반대 입장은 그들의 표를 잃기 쉽기 때문에 강력하게 반대하지 못하기 때문이다. 따라서 선거일이 가까워짐에 따라 반대하더라도 다른 비슷한 종류의 선심성 이슈를 대안으로 제시하거나, 부분적인 수용을 하면서 반대입장을 누그러뜨리는 것이 일반적인 현상이다.

그러나 직접적인 이익이 부여되지 않는 층은 사회적 가치가 선심성 이슈의 대상에게로 이전되는 것만큼 손실을 나누어 가지게 되기 때문에, 그 손실을 별로 대수롭지 않게 생각하는 경향이 있다. 따라서 이들 층의 경우, 투표 행태를 결정하는 것은 그들과 관련이 없는 선심성 이슈에 대한 후보자의 입장보다는 자신의 직접적인 이해와 관련된 이슈나, 보다 자신이 관심을 두는 이슈에 관한 후보자의 이슈 입장이며, 이에 따라 투표하게 된다.

결론적으로 볼 때 선심성 이슈는 이익을 볼 것으로 기대하는 유권자의 관심은 끌지만, 그 이슈와 무관한 사람들의 관심은 별로 끌지 않는다. 따라서 이 이슈에 의하여 손해를 볼 것으로 예상하지 않는 한, 사람들은 이 이슈에 관심을 두지 아니하고, 이 이슈에 의하여 이익을 볼 것으로 생각하는 사람들만이 이 이슈에 긍정적으로 반응한다. 따라서 선심성 이슈는 어느 정도의 설득력만 가진다면, 부정적 이슈 프레미엄은 나타나지 아니하고, 긍정적 방향에서의 이슈 프레미엄 효과가 크게 나타나는 이슈이다.

선심성 이슈는 그 이슈의 지역적 범위에 따라서 전국적으로 관련된 국가적 이슈(national issue)인 경우도 있을 수 있으나, 여러 지역에 걸친 광역적 이슈(inter-regional issue)인 경우와 어떤 한 지역에 국한된 지역적 이슈(rigional issue)인 경우가 많다. 또한 유권자의 어느 특정 계층을 대상으로 하는 선심성 이슈도 있을 수 있다.

대통령 선거에서 예상되는 바람직한 이슈는 국가적 이슈이지만, 실제적으로 역대 선거 유세과정에서 나타나는 대통령 선거 이슈들을 분석해볼 때, 광역적 이슈와 지역적 이슈도 많이 나타나며, 이들은 대개 선심성 이슈의 속성을 띠고 있다.

선심성을 띠는 이슈들은 국가적 이슈보다는 광역적 이슈나 지역적 이슈로 내려갈수록 유권자로부터 이슈 프레미엄을 얻기가 훨씬 쉽기 때문으로 분석된다. 그 이유는 첫째, 선심성 이슈에 의하여 이익을 얻을 수 있는 유권자의 층이 지역으로 갈수록 뚜렷해질 뿐만 아니라, 둘째, 지역 유세를 통하여 그 지역의 욕구나 문제를 충족시켜주는 이슈들을 제시할 경우 그 지역주민들의 기대 이익에 쉽게 접근할 수 있으며, 셋째, 지역적 이슈인 까닭에 그 이슈로 인하여 손실을 본다고 생각하는 다른 유권자들로부터 생길지도 모르는 부정적 이슈 프레미엄이 거의 나타나지 않는 까닭이다.

더욱이 지역적 선심성 이슈들을 전부 다 실시하려 하는 경우, 그 실시가 불가능하더라도 각각의 지역에 국한된 이슈인 까닭에 각 지역의 주민들은 그 공약의 허구성을 거의 인식하지 못한다. 쉽게 말해서 후보자가 실현할 수도 없는 거짓 공약을 하여도 지역적 이슈인 경우 그것이 탄로날 가능성은 거의 없다. 왜냐하면 지역적 이슈를 전부 다 실시하는 것은 자원의 제약 등 여러 이유 때문에 불가능하지만, 일부 지역의 입장에서 볼 때에는 그 이슈를 실현하는 데 드는 자원이 소규모인 까닭에 자기 지역에서만큼은 그 공약을 실현할 수 있다고 믿는 까닭이다. 또한 지역적 이슈는 어떤 한 지역에 국한된 이슈인 까닭에, 다른 지역의 유권자는 어떤 한 특정 지역의 이슈에 특별한 관심을 쏟지도 아니한다.

정책학자가 어떤 후보가 제시한 지역 공약들을 전부 모아놓고 그 실현가능성―예산, 기간, 다른 공약과의 관계 등을 고려한 우선 순위 등―을 종합적으로 분석하여 발표하지 않는 한, 후보 아젠다를 구성하고 있는 남발된 선심성 이슈들은 높은 이슈 프레미엄을 얻을 수밖에 없다.

또한 다른 후보가 어떤 지역에서의 선심성 이슈를 실현가능성이 없다고 비난하지도 못한다. 왜냐하면 상대 후보가 제기한 어떤 지역의 선심성 이슈에 반대하면, 우선 그 지역주민들로부터 부정적 이슈 프레미엄이 나타나게 되는 까닭이다.

어떤 후보의 선심성 이슈를 전부 모아놓는 경우 예산이나 기간, 다른 국가 정책과의 관계 등을 분석해볼 때 어느 지역에선가는 그 약속이 실현될 수 없다는 정책학자의 합리적인 연구 결과를 제시한다 하더라도, 거짓 공약을 제시한 후보 진영의 선거운동원들이 '우리 지역만큼은―다른 지역은 못하더라도―공약을 실현하겠다고 했다'며 강조하는 경우 해당 지역주민들은 그 말을 믿고 싶어하는 경향이 있다.

따라서 공약 실현이 불가능하다는 것을 지역주민에게 주장하는 경우, 지역주민들은 합리적으로 그것을 검토하여 받아들이기보다는 선심성 이슈 반대에 대한 감정적 반응이 앞서는 경향이 있고, 이것은 공약의 허구성을 밝히려는 후보에게 부정적 이슈 프레미엄으로 나타나기 쉽다.

따라서 지역주민들이 실현될 수 없는 선심성 이슈라는 것을 알게 되는 것은 다음 번의 선거 때가 되어야만 알 수 있는 것이고, 이때가 되어서야 비로소 어떤 후보의 정직성에 대한 평가가 가

능해진다
 그러나 그동안의 여러 가지 상황의 변화—유권자의 구성성분 변화, 그 지역이 임기 기간 동안에 얻게 되는 다른 어떤 이익, 후보자의 바뀜 또는 정계 개편 등의 정치적 상황의 변화, 임기 동안의 치적 따위—는 집권했던 후보의 정직성에 대한 평가를 희석시켜주는 경향이 있고, 그래서 다음 선거에서도 또다시 선심성 공약에 속게 된다.
 먼저번에 공약했던 것이 실현되지 않은 이유를 그럴싸하게 설명하고, 이번만큼은 이 지역을 위해 내세운 지역적 선심성 공약을 실현하겠다고 주장하면 선량한 유권자는 또다시 속을 수밖에 없다.
 물론 이러한 선심성 공약이 몇 번씩 계속 거짓으로 밝혀진다면 후보자의 도덕성이나 정직성에 치명적인 약점이 될 것이나, 단임제이거나 중임제가 인정된 대통령 선거의 경우에는 전혀 문제가 안된다. 왜냐하면 후보자의 정직성이 문제가 될 때쯤에는 이미 후보자가 바뀌는 까닭에, 전임자가 거짓말을 한 것이 되므로 전임자와 새 후보는 다르다는 차별화전략을 강력하게 사용하면 유권자들은 또다시 속을 수밖에 없다.
 이론적으로 볼 때, 정당이 책임을 져야 하는 것은 당연하지만 후보 중심으로 정당이 이합집산되는 정치적 후진성 속에서는 유권자들마저도 거짓말한 전임자가 속해 있던 정당에서 나온 후보를 그 정당과 동일시하지 아니하는 경향이 있는 까닭에, 이러한 전임자와의 차별화전략은 효과를 띤다.
 그리고 또다시 실현할 수 없는 지역적 선심성 공약을 제시하면서 '전임자와는 다른 나를 믿어보세요' 하면, 틀림없이 이슈 프레미엄을 얻을 수 있다. 이것이 후보자들로 하여금 거짓 공약을 제시하게 하는 원인이다.

그러나 국회의원 선거인 경우에는 다르다. 국회의원을 한두번 한다면 마찬가지 상황이겠으나, 죽을 때까지 하려고 마음먹는다면, 거짓 공약을 하여서는 안된다. 처음 한두번은 거짓 공약을 제시하는 후보에게 패배할지 모르나, 세번 네번 같은 후보와 상대하게 된다면 정직한 후보에게 유리하다.

그렇지만 거짓 공약한 상대방 후보가 전국구로 가버린다든가, 공천된 후보자가 바뀌는 경우에는 대통령 선거에서와 마찬가지 결과가 나타난다.

결국 후보자들이 거짓 공약을 못하게 하는 방법은 임기가 끝난 다음에 거짓 공약에 대한 책임을 질 수 있도록 하는 법적·제도적 방법이 모색되어야 한다.

거짓 공약을 내세운 후보를 뽑은 유권자도 책임을 져야 한다고 강변하면서 정치적 책임만 지면 된다고 주장하는 사람이 있을지 모르지만, 공약의 불이행으로 인하여 임기 동안에 유권자들이 피해를 입고 있었다면 그것만으로도 유권자가 그 사람을 믿고 표를 던진 데 대한 책임은 다하는 것이라고 생각한다.

공약을 이행하지 않음으로서 유권자들이 고통을 당하고 있는 동안에, 그 공약 때문에 표를 얻어 공직에 뽑힌 사람은 전혀 책임을 지지 아니하고 특권을 누리기만 한다면, 이것은 매우 불공정한 일이다.

따라서 단지 다음 번 선거 때에 공직에 나서지만 않으면 정치적 책임을 다 하는 것이라고 생각해서는 아니된다. 왜냐면 정직한 유권자는 잃어버린 것만 있을 따름이요, 거짓말장이인 그는 얻은 것은 있어도 잃은 것은 없기 때문이다.

물론 돌발적인 정치·경제·사회적 상황의 변화 때문에 불가항력적으로 공약을 이행하지 못하는 경우가 있을 수 있지만, 그러한 경우에도 내세웠던 공약의 실현에 대해 최대한의 노력을 했는지 여부에 대한 사법적 판단이 필요하다고 본다.

예컨대, 내세운 공약을 보고 투표한 유권자 가운데 일정 비율 이상이 집단적으로 전임자의 공약 불이행에 대한 심판을 청구하는 것1)이 법적·제도적으로 인정되고, 만약 전임자가 무능하거나 불성실하게 행동한 결과 공약의 이행이 이루어지지 하였다고 판단이 내려지는 경우에는 공민권을 박탈하든지 정치적 권리를 대폭 제한한다든지 함으로써 거짓 공약의 남발을 막고 유권자로 하여금 정직한 후보를 뽑을 수 있는 환경을 제시하여야 한다.

---

1) 예컨대, 당선자 득표수의 1/2 이상이 심판을 청구하는 경우 이를 중립적 입장에서의 사법기관—현재의 법원이나 헌법재판소 등이 이러한 심판을 할 수 있도록 법을 개정하여도 좋고, 이 경우 정책학자 등의 전문가들 및 무작위로 뽑힌 일반 시민들로 배심원을 구성하여도 좋을 것임—에서 판결을 내리도록 하는 것도 생각해볼 일이다.

여섯째 마디
맺음말

앞에서 제5, 6, 7, 13대 대통령 선거 아젠다 짜임과정에서 나타났던 선거 이슈들을 내용에 따른 유형별로 나누어 이슈 전략상 어떠한 성격을 가지는가를 논의해보았다. 이들을 요약해 정리하면 다음과 같다.

첫째, 정치체제 및 정통성에 관한 이슈는 정치적 발전을 반영해주는 이슈이며 야당 후보에 의해 주로 제기되는 공격적 이슈이고, 정책 대안을 가지지 않는 이슈이다. 이 이슈는 유권자들의 이해관계와 관련이 전혀 없다고는 할 수 없으나, 다른 정책 이슈에 견주어볼 때, 직접적인 관련은 없는 편이다. 정치체제 및 정치적 정통성에 관한 이슈는 처벌이론에 근거를 두고 제시되는 이슈들이어서, 이슈의 공격대상이 되는 후보의 득표에 부정적으로 작용한다.

둘째, 미래의 정치적 과업에 관한 이슈는 정책 대안을 가지고는 있으나, 선언적인 경우가 대부분이며 구체적인 대안을 가지는 경우는 드물다. 이 이슈들도 국민들 전부를 대상으로 하기 때문에 어떤 특정 계층의 유권자의 이해관계와는 큰 관계가 없다. 여기에 속하는 이슈들 가운데 정치적 안정이라는 이슈 이외의 대부분의 이슈들은 정치체제 및 정통성에 근거를 두고 제시되는데, 이 경우 대부분이 야당 후보들에 의해 제기되며, 야당 후보에게 이슈 프레미엄이 돌아가는 이슈들이다. 그러나 정치적 안정에 대한 이슈는 주로 여당 후보에 의하여 많이 제기되며, 여당 후보에게 이슈 프레미엄이 돌아간다.

셋째, 공명(부정)선거 이슈는 이 이슈의 성격상 이슈 제기자에게 이슈 프레미엄이 돌아간다고 보기는 어려운 이슈이며, 다른 이슈의 아젠다 공간을 잠식한다는 점에서 특이한 이슈이다. 또한 선거법 개정이나 선거방법에 관한 이슈 역시 비슷한 성격을 띤다. 곧, 이들 이슈는 이슈 제기자의 아젠다 공간을 잠식하면서도 이들에게 반드시 이슈 프레미엄을 제공하지는 않는다는 점이 특색이다.

넷째, 이들은 정책 대안을 가질 수 있는 이슈들이지만, 특정 계층의 유권자의 이해관계와는 전혀 관계가 없다. 다만, 후보자들 사이의 이해관계와는 직접적으로 관련되기 때문에 후보자들이 관심을 쏟지 않을 수 없는 이슈들이다. 이런 점에서 여당 후보는 공명(부정)선거 이슈나, 선거법 개정 및 선거방법에 관한 이슈들을 선거 전략에서 악용하는 경우가 많다. 예컨대 공명(부정)선거 이슈와 선거법 개정 등에 관한 이슈의 위와 같은 몇 가지 특성은 다음과 같은 선거 전략상의 교훈(?)을 제시해준다.

곧, 될 수 있는 한 부정선거를 기도할 것. 부정선거를 획책하는 후보가 정직하게 법을 지키는 후보보다 훨씬 유리하다. 상대방이 부정선거를 적발해 내지 못하면 그만큼 표를 얻는다. 부정선거 기도가 알려지더라도 상대방인 정직한 후보는 부정선거를 이슈화시키는 데 온갖 정력을 쏟음으로써 자신이 이슈 임자인 이슈를 증폭시키지 못하고 이슈 프레미엄을 얻지 못한다. 부정선거를 비난하면, 비난하는 후보에 대하여 맞받아침으로써 정직한 후보까지 자신과 같은 부류의 부정한 사람으로 매도하는 전략을 사용하여 유권자의 판단을 흐려놓으면 된다. 또한 그렇게 함으로써 정치적 혐오감과 무관심을 불러일으켜 투표율을 낮추는 것이 부정선거를 획책하는 후보에게 유리하다. 단, 이 전략은 유권자들이 용인하는 한도내에서만 가능하다. 유권자의 분노가 또 다른 4·19혁명을 불러일으킬 수 있는 까닭이다. 그러나 위험은 감수하는 만큼 그 대가를 얻는다. 단, 정치적으로 후진적 상황에서만 그러하다.

한편, 정직한 후보의 입장에서는 부정선거를 자행하는 후보의 부정선거 전략에 절대 휘말려들지 말아야 할 것이다. 부정선거 이슈를 전혀 언급하지 않을 수는 없겠으나, 될 수 있는 한 부정선거 이슈는 언론이나 다른 후보들이 제기하도록 이슈 전략을 짜야 한다. 예컨대, 상대 후보의 부정선거 사례나 계획 등에 대한 정보는 의협심 많은 정치부 기자들이나 시민단체 또는 다른 후보들에게 넌지시 알려주고, 자신은 자신의 이슈를 계속 증대시키는 편이 낫다.

다섯째, 국민의 입장에서는 공정한 경쟁 속에서 정직하고 보다 능력이 있는 공직자를 뽑아야 하기 때문에, 후보 수준에서의 부정선거 방지 대책이 아니라 국가적 차원에서의 보다 확실한 부정선거 방지 대책이 미리 마련되어 있어야 한다. 예컨대, 선거 전이든 선거 후이든간에 부정선거 사례가 발견되는 경우, 부정선거를 통해 얻을 수 있는 기대 이익보다 훨씬 더 가혹한 처벌을 규정하는 방향으로의 선거법 개정이 사전에 이루어져야 할 뿐만 아니라 엄격히 집행되어야 한다. 이것은 정직한 후보를 위해서뿐만 아니라 국민을 위한 것이다.

한편, 언론이나 시민단체는 부정선거를 저지른 후보나 사실에 대하여 시민들이 '그럴 수 있다'고 생각하는 수준을 훨씬 넘어설 정도로 크게 비난하는 여론을 조성함으로써, 그 후보에 대한 유권자들의 선택을 방지하는 데 앞장서야 할 것이다. 선거에서의 부정은 그것이 획책되거나 자행된 이상 그 어느 것도 '있을 수 있는 사소한 것'은 아니다. 다른 범죄는, 극히 예외일지 모르나 경우에 따라서 '있을 수 있는' 상황도 있고, 똑같은 범죄라도 정도의 높낮이가 있으며, 그에 비추어 동정을 할 수도 있다. 그러나 선거에서의 부정은 '있을 수 있는' 상황도 없고 동정을 해서도 안된다. 왜냐하면 선거는 공직을 맡기는 것이요, 선거에서 부정을 저지르는 사람은 공적(公敵)인 까닭이다. 따라서 그것을 저지른 사람으로 하여금 사회적으로 무거운 책임을 지도록 만드는 데 언론의 소임이 있다.

여섯째, 구조적 이슈, 안보·외교·통일 이슈, 사회적 이슈, 경제적 이슈 등은 정책 이슈로서의 성격을 띠기 때문에 특별한 이슈 전략은 있을 수 없다. 다만, 후보자들은 평시에 이들에 관해 많은 이슈를 개발하고 정책 대안을 제시할 수 있도록 준비하여야 한다.

일곱째, 정책 이슈들 가운데에서 나타나는 선심성 이슈들의 특성은 선심성 이슈가 제시되는 경우 나타나는 선심성 이슈 경쟁이다. 선심성 이슈는 자칫하면 거짓 공약이 되기 쉽고, 유권자는 이러한 거짓 공약을 보고 투표하기 쉽다. 따라서 거짓 공약을 막을 수 있는 법적·제도적 장치가 필요하다.

여섯째 갈래
이슈 프레미엄의 성격과 이슈 전략

첫째 마디: 정책 관련 이슈와 이슈 전략
둘째 마디: 체제 관련 이슈와 이슈 전략
셋째 마디: 선거 관련 이슈와 이슈 전략
넷째 마디: 후보 관련 이슈와 이슈 전략

선거 아젠다를 구성하고 있는 이슈들 가운데 어떤 이슈가 누구에게 유리하고 누구에게 불리한 것인지는, 구체적인 이슈의 전개과정, 유권자층의 구성 및 당시의 정치·경제·사회적 상황 따위에 의하여 달라질 것이지만, 이슈들을 그 내용에 따라 몇 가지로 분류하고 여야 후보 또는 이슈 제기자에게 부여되는 이슈 프레미엄이라는 관점에서 이를 일반화시켜 논의해보면 다음과 같다.

이슈는 여러 가지로 분류할 수 있으나, 이슈 프레미엄과 관련시켜볼 때, 이슈의 내용을 기준으로 하여 정책 관련 이슈, 체제 관련 이슈, 선거 관련 이슈, 후보 관련 이슈로 나누어 고찰할 필요가 있다. 내용에 따른 이와 같은 분류는, 둘째 갈래에서의 내용 분석 결과 밝혀진 바와 같이, 이들에게 부여되는 이슈 프레미엄의 성격이 다른 까닭이다.

여기에서의 정책 관련 이슈란 정책 대안을 가지는 또는 가질 수 있는 미래 약속에 관한 이슈들을 의미하며, 체제 관련 이슈는 정치체제 및 정통성에 관한 이슈를, 선거 관련 이슈는 부정선거 이슈 및 선거방법 따위에 관한 이슈를, 후보 관련 이슈는 후보자의 인성, 자질 및 능력에 관한 이슈를 의미한다.

이렇게 분류된 이슈들의 성격은 실현가능성 여부에 따라, 보다 구체적으로는 이슈가 대안을 보유하고 있는지 없는지에 따라 정책 이슈와 선언적 이슈 및 없정책 이슈로 나눌 수도 있고, 이슈가 초점을 두는 시간에 따라 과거 시점에 초점을 두는 이슈 그리고 현재 시점에 초점을 두는 이슈 및 미래 시점에 초점을 두는 이슈로도 나눌 수도 있다. 정책 이슈는 정책 대안을 가진 이슈로서 미래 시점에 초점을 둔 이슈가 대부분이며, 없정책 이슈는 과거 시점에, 선언적 이슈는 선거일을 기준으로 하여 현재 시점에 초점을 둔 이슈가 대부분이어서 이들 두 가지 기준은 대체적으로 서로 일치한다고 할 수 있다.

그러나 이렇게 구분된 이슈의 성격이 항상 일정하게 지속되는 것은 아니다. 왜냐면 대부분의 이슈들은 아젠다 짜임 기간 동안에 그 성격이 변화하는 까닭이다. 곧, 어떤 이슈든 유세과정 속에서 이슈 제기자들에 의하여 정의되고 재정의되면서 강조되는 부분이 바뀌게 되는 경우도 많다.

여기에서는 선거 아젠다 이슈들을 그 내용을 기준으로 하여 정책 관련 이슈, 체제 관련 이슈, 선거 관련 이슈, 후보 관련 이슈로 나누어놓고서, 이들 각각이 가지는 이슈 프레미엄을 이와 같은 이슈의 성격과 관련시켜 논의하면서 유용한 이슈 전략을 제시하려 한다.

첫째 마디
정책 관련 이슈와 이슈 전략

　정책 관련 이슈의 경우, 정책 대안들을 구비하고 있거나 구비할 수 있는 이슈들이고, 미래 시점에 초점을 둔 이슈들이기 때문에 이슈 제기자에게 이슈 프레미엄이 돌아갈 것은 이슈 프레미엄 이론상 당연하다. 따라서 일반적으로 볼 때, 미래의 푸른 꿈에 대한 이슈는 될 수 있는 한 많이 제기하고 유권자들에게 그 이슈의 이슈 임자로 인식시키는 전략이 필요하다.
　그러나 미래 약속을 제시하는 정책 관련 이슈도 이슈 자체가 가지는 성격 때문에 여당 후보에게 유리한 이슈가 있는가 하면, 야당 후보에게 유리한 이슈도 있다. 역대 선거 아젠다 짜임과정을 분석해보면, 일반적으로 여당 후보에게 유리한 이슈로는 과거의 업적에 연계된 미래의 약속에 관한 이슈를 들 수 있고, 야당 후보에게 유리한 이슈는 집권당의 실정(失政)과 연계된 미래의 약속에 관한 이슈를 들 수 있다. 예컨대, 제6대, 7대 대통령 선거에서의 경제 발전 이슈는 여당 후보인 박정희 후보에게 이슈 프레미엄을 듬뿍 가져다준 이슈이고, 13대 대통령 선거에서의 농가 부채 탕감 이슈는 야당 후보들에게 이슈 프레미엄을 가져다줄 수 있었던 이슈이다.

정책 관련 이슈에 속하는 이슈들로서는 구조적 이슈, 안보·외교·통일 이슈 및 대부분의 경제·사회적 이슈들을 들 수 있다. 이들 이슈들은 정책 이슈의 성격을 띠기 때문에, 많은 대안들을 제시할 수 있고 실현가능성에 대하여 후보자들 사이에 이슈 논쟁이 이루어질 수 있는 이슈들이지만, 우리나라의 경우 몇 가지 이슈들을 제외한 대부분의 이슈들은 대통령 선거에서 쟁점 이슈로 등장하지는 못했다.1) 다만 앞으로는 정치 발전에 따라 이들 이슈들이 여야 후보들 사이의 쟁점 이슈로 등장할 가능성이 높다는 점에서 주목할 필요가 있는 이슈들이다.

이들 가운데 안보·외교·통일 이슈는 변동하는 국제 관계에 대한 전문지식 및 정보를 요하는 이슈들이어서, 그 성격상 여당 후보에게 유리하고 야당 후보에게는 불리한 이슈라 할 수 있다. 실제적으로 제7대 대선에서는 4국보장론, 집단안보론 및 남북교류론 등을 야당 후보인 김대중 후보가 제시하여 여당 후보의 반응

---

1) 예컨대, 제6대, 7대 대통령 선거에서의 경제 발전 이슈, 7대의 안보 이슈, 그리고 13대의 농가 부채 탕감 이슈 등이 어느 정도 쟁점으로 등장하였다고 볼 수는 있으나, 그 이슈 갈등의 강도가 정치적 이슈만큼 강하지는 못했다. 이런 점에서 볼 때, 한국의 대통령 선거는 정부의 정책에 연료를 공급해주는 정책적 과정으로서의 의미는 거의 없었고, 정치권력의 근거를 확보해주는 정치적 과정으로서의 의미만 띠고 있었다고 할 수 있다. 그 까닭은 한국의 정치 발전, 곧 정치적 민주화가 정착되지 않은 까닭으로 풀이할 수 있다. 그러나 정치 발전이 이루어진다고 할 때, 이러한 이슈들의 정책 대결로서의 선거가 이루어질 수 있을 것으로 본다.

을 끌어내어 이슈화하는 데는 성공하였으나, 결국 이들 이슈로부터 이슈 프레미엄을 획득하는 데는 실패하였다. 그 주된 이유는 김대중 후보가 제시한 이들 이슈가 유권자들이 이해하고 받아들이기에는 너무 어렵게 정의되었기 때문에, 북괴의 무력에 의한 남침위협을 내세워 반공의식에 호소한 여당 후보의 이슈 정의에 대항할 수 없었던 까닭이다. 따라서 이런 이슈들을 제기하면서 이슈 임자로 부상하기 위해서는, 집권당의 반응을 끌어내기 위해서 또는 그 분야의 전문가임을 과시하기 위하여 전문적 지식을 동원하여 이슈를 어렵게 정의하여 제기함과 동시에, 다른 한편으로는 유권자들이 쉽게 이해할 수 있도록 그리고 유권자들의 감정에 호소하는 방식으로 이슈를 쉽게 정의내리는 두 가지 전략이 필요하다.

한편, 이들 이슈 이외에 이슈 크기는 비록 작지만, 이해관계의 대상층이 확실하기 때문에 이슈 제기에 의하여 고도의 이슈 프레미엄을 향유할 수 있는 이슈들이 많이 있다. 이들 이슈들은 지역과 유권자층에 따라 분류할 수 있지만,[2] 유권자들에게 직접적인 이익을 부여하는 이슈들이라는 점에 그 특징이 있으며, 이와 같은 선심성 이슈의 성격 때문에 후보자들 사이에 이슈 모방현상이 나타나는 이슈들이다.

---

2) 이슈들을 지역을 기준으로 하여 전국적 이슈, 광역적 이슈, 지방적 이슈로 나눌 수 있고, 인구층을 기준으로 하여 노동, 여성, 증권, 교육, 복지, 주택, 농업 이슈 따위로 나눌 수 있는데, 이 가운데 주로 지역적 이슈와 광역적 이슈에 해당하는 것들과, 인구층을 기준으로 하는 이슈들 가운데 대상층이 적은 규모인 경우 이슈 프레미엄 효과는 보다 뚜렷하게 나타난다.

이들은 어떤 경우에는, 예컨대 어떤 한 지역에 국한된 지역적 이슈의 경우에는 대통령 선거 이슈로 제기되기에 부적합한 이슈라 할 수 있으나, 확실한 이슈 프레미엄을 보장받을 수 있다는 점에서 매번 선거 때마다 나타나지 않는 경우가 없다.

이들 이슈들은 지역적 또는 대상층의 욕구를 기반으로 하여 제기되는 이슈들이기 때문에, 전국적 조직을 가지고 있는 정당의 후보들이 유리한 입장에서 제기할 수 있는 이슈들이다. 역대 선거를 볼 때, 여당 후보들이 이 이슈의 이슈 임자였다는 사실은 전국적 정당 조직을 가지고 있었다는 점 이외에도, 집권당 후보로서 행정력을 통한 지역적 문제나 욕구 또는 이슈가 목표로 하는 대상층의 욕구를 쉽게 파악할 수 있고 그 해결을 위한 자원의 동원 등에 대한 풍부한 정보를 가질 수 있었던 까닭으로 보인다.

이러한 종류의 이슈는 대통령 선거 이슈로서는 부적합한 면이 많기 때문에 바람직한 것이라 할 수 없으나, 이슈 전략의 관점에서 본다면 이해관계가 걸려 있는 대상층이 확실한 까닭에 상대 후보가 제기하기 전에 이슈를 먼저 제기하는 전략이 필요하다. 만약 상대방 후보가 먼저 이슈를 제기한 경우에는 더 강력하게 이슈를 제기하거나 비슷한 다른 종류의 이슈를 제기함으로써 상대방 후보가 이슈 프레미엄을 독점하지 못하도록 전략을 세울 필요가 있다.

또한 다른 한편으로는 선심성 이슈의 허구성을 전국적 이슈로 제기함으로써 이 이슈를 후보의 자질에 관한 이슈로 전환시키는 방법도 사용할 수 있다. 곧, 상대 후보자가 약속한 모든 이슈들을 다 모아 분석하는 경우, 그 이슈들을 다 실현시킬 수 없다는 점을 내세워 상대 후보가 당선을 목표로 하여 허구적인 공약을 남발하였다는 점에 초점을 둠으로써 상대 후보의 정직성에 대한 의문을 제기함으로써 후보 자질에 관한 이슈로의 국면 전환을 꾀하는 전략이 있을 수 있다.

둘째 마디 ─────────────────────────
체제 관련 이슈와 이슈 전략

　체제 관련 이슈는 엄격히 말해서 정치적 정통성에 관한 이슈와 정치체제에 관한 이슈들로 구성되는데, 이들 이슈들은 정책 대안의 구체성을 요하지 않는 경우가 대부분이기 때문에 정책 이슈라 할 수 없고, 과거 시점 또는 현재 시점에 초점을 둔 이슈들이 대부분이다.
　미래의 정치적 과업에 관한 이슈들은 대부분 정치체제 및 정치적 정통성에 기반을 둔 이슈들이고, 비록 정책 대안이 있다고는 하나 집권하게 되는 경우 집권자의 의지만으로 해결할 수 있는 선언적 대안으로서의 성격을 많이 띠는 까닭에 다른 정책 관련 이슈와는 성질이 다르며, 오히려 체제 관련 이슈와 그 성격이 비슷하기 때문에 여기에 포함시켜서 논의한다.
　우리나라의 경우 이들 이슈들이 역대 선거마다 주요한 쟁점 이슈로 등장하였는데, 그것은 정치 발전의 정도와 관련되어 있다 할 것이다. 곧, 이 종류에 속하는 이슈들은 정치적 민주화가 이루어지지 못한 상황을 반영해준다고 볼 수 있다.

이들 이슈들이 비록 정책적 대안이 없거나 약하다고 하여 이들 이슈들의 이슈 프레미엄이 없다고 할 수는 없다. 이들 이슈들은 정치체제상의 변동을 전제로 하여 제시되는 이슈들인 까닭에, 이들이 가지는 이슈 프레미엄은 이들 이슈들의 중요성에 대해 유권자들이 어떻게 평가하는가에 따라 달라질 것이다. 곧, 이들 이슈들이 중요하다고 생각하는 유권자들에게는 이슈 프레미엄이 굉장히 클 것이고, 이들 이슈들이 별로 중요하지 않고 경제적인 또는 사회적인 어떤 이슈가 더욱 중요하다고 생각하는 유권자에게는 이슈 프레미엄이 거의 없거나 굉장히 작을 수도 있다는 점이 특징이다.

정치체제가 불안정한 나라의 경우, 여기에 속하는 이슈들은 야당 후보에게 유리하고, 여당 후보에게 불리한 이슈라 할 수 있다. 예컨대 13대 대선에서의 군정 종식 이슈나 12·12사태 이슈, 광주사태 이슈 따위는 야당 후보들에게 이슈 프레미엄을 부여한 이슈였다.

우리나라 역대 대통령 선거에서의 경우 야당 후보들은 체제 관련 이슈를 가지고 여당 후보를 공격하는 경향이 있고, 여당 후보는 안보 이슈나 정치적 안정 이슈를 가지고 이에 대항하는 경향이 있음이 분석된다.

셋째 마디 ─────────────
선거 관련 이슈와 이슈 전략

　선거 관련 이슈들은 공명(부정)선거 이슈, 선거기간, 선거방법, 선거운동 등에 관한 이슈로 구성되는데, 이들은 경쟁관계에 있는 후보들의 이해관계와 밀접한 관련을 띠고 있으나 유권자들의 이해 관계와는 직접적으로 연결된다고 보기 어렵기 때문에, 이슈 제기자에게 돌아가는 이슈 프레미엄은 다른 이슈들보다 크지는 않을 것이다.
　공명(부정)선거 이슈는 '공명선거를 하자' 또는 '해야 한다'는 당위적 주장을 포함한 규범적 성격의 이슈들과 실제의 부정선거 사례에 대한 비난 등으로 구성된 사실적 이슈들로 구성되며, 선거일이 가까워지면서 전체 선거 아젠다 공간에서 차지하는 비율이 점점 커지는 이슈이다. 이 이슈는 그 성격상 이슈 제기자에게 이슈 프레미엄이 돌아가지도 않으며, 이슈 프레미엄이 돌아간다 해도 그렇게 크지는 않을 것으로 분석되었다(이 갈래 다섯째 갈래 참조). 부정선거 이슈를 제기하는 경우, 부정선거를 했다고 비난하는 후보에게 긍정적인 이슈 프레미엄이 돌아가는 것이 아니라 부정선거를 한 후보에게 부정적인 이슈 프레미엄이 돌아가는 까닭이다.

 또한 이 이슈를 제기하는 경우 이 이슈는 이슈 제기자의 다른 이슈 공간을 잠식하기 때문에, 이슈 제기자에게 결코 유리한 이슈라고 할 수는 없다. 그렇다고 하여 상대 후보의 부정선거 기도를 보고 있을 수는 없는 까닭에 상대 후보의 부정선거에 관한 정보를 획득하는 경우, 이 정보를 신문 등의 언론이나 공선협(共選協) 등의 민간 선거감시기구에 제보하는 편이 낫다. 곧, 정의감에 충만해 있는 언론이나 민간 선거감시기구를 통하여 이 이슈를 제시함으로써 부정을 획책한 상대 후보로 하여금 이들에 반응하게끔 만들어야 한다. 부정선거를 획책한 후보는 언론이나 민간 기구를 상대로 하여 열심히 변명하게 되고, 그에 따라서 그 후보의 아젠다 공간이 줄어들게 되고, 부정적 이슈 프레미엄—부정선거를 획책했다는 나쁜 이미지—을 받게 된다. 다시 말해서 부정선거에 관한 이슈는 그것을 안 후보자가 직접 제시하는 것보다 언론이나 민간 감시기구를 통하여 제시함으로써, 이 이슈 때문에 자신의 다른 이슈 공간을 잠식당하지 않도록 이슈 전략을 세워야 한다.

 선거기간, 선거운동, 선거방법 등에 관한 이슈는 후보자들에게 매우 중요한 이슈이지만, 후보자들이 이 이슈에 매달리게 되면 자신에게 유리한 이슈 공간이 줄어들게 되므로, 이러한 이슈는 선거기간 중에 논의하지 말고 훨씬 이전에, 예컨대 선거가 있기 일년 전 쯤에 논의를 끝내도록 하여야 한다. 곧, 이들 이슈들이 미리 확정되어 있어야 여야 후보들 사이의 공정한 경쟁이 이루어질 수 있는 까닭이다. 그렇지 않고 만약 선거기간 동안에 이 이슈들을 논의하게 되면, 유리한 쪽은 여당 후보이고 불리한 쪽은 야당 후보들이 되므로 불공정하다.

선거의 공정성은 여러 가지 측면에서 이야기할 수 있지만, 예컨대 선거일을 집권당 자의로 잡는다면, 그리고 선거운동이나 선거방법 등에 관하여 야당 후보들에게 불리하도록 이슈를 제기해 놓고 여당 후보는 자기 자신에게 유리한 다른 이슈만을 제시하면서 시간을 끌게 된다면, 야당 후보들은 이 이슈에 매달릴 수밖에 없으므로 자신에게 유리한 다른 이슈를 제기하지 못하게 되고 선거는 불공정한 경쟁이 된다.

따라서 여당 후보의 경우, 이러한 이슈들을 불안정한 상태로 놓아두고 될 수 있는 한 선거기간 동안에 야당 후보들로 하여금 이 이슈에 정력을 쏟게 만드는 전략을 생각할 수 있다. 이것을 집권 여당이 가지는 프레미엄이라 생각할지 모르나, 공정한 여야 후보들의 경쟁이라는 관점에서 볼 때 전혀 바람직스럽지 못하다.

야당 후보들은 이러한 이슈들의 성격이 여당 후보에게 유리하게 작용하고 야당 후보들에게 불리하게 작용한다는 점을 평상시에 인식하고, 선거가 있기 훨씬 전에 이들을 이슈화하여 여야 사이에 미리 결정을 내리도록 하거나 제도화시킬 수 있는 것은 선거제도로 정착시켜야 불리한 게임에서 벗어날 수 있다. 예컨대, 대통령 선거일에 관한 규정을 '대통령 임기가 끝나기 전 언제부터 언제 사이에 실시한다'는 불확실한 규정 대신에 '대통령 임기가 끝나기 석달 전 첫번째 화요일에 실시한다'고 정례화(定例化)시킬 필요가 있다.

넷째 마디
후보 관련 이슈와 이슈 전략

　후보 관련 이슈는 후보자의 경륜, 지식, 정책능력, 군 통솔능력 등 국정 수행능력과 관련된 후보 능력에 관한 이슈, 출신성분, 이념적 성향 따위에 관한 후보 자격에 관한 이슈, 그리고 책임감, 정직성, 신뢰성, 도덕성 등 후보자의 인성에 관한 이슈들로 구성된다.
　이 이슈들은 엄밀한 의미에서 정책 대안을 제시하는 이슈는 아니다. 그러나 이들 이슈들은 정책 이슈보다도 더욱 근본이 되는 이슈들이다. 곧, 정책 이슈를 아무리 잘 제시한다 하여도, 예컨대 그 후보의 정책 수행능력이나 지도력이 약하다고 판단되거나 정직하지 못하고 책임감이 없는 사람으로 인식된다면, 아마도 그 후보에게 이슈 프레미엄이 돌아가기 어려울 것이다. 이런 점에서 볼 때 이 이슈들은 매우 근본적인 이슈들이며 다른 이슈들의 이슈 프레미엄에 영향을 미치는 이슈들이다.
　역대 대통령 선거에서는 주로 출신성분 및 이념적 성향에 관한 이슈들이 크게 이슈화되었고, 후보자의 국정 수행능력이나 인성에 관한 이슈들은 이슈화되긴 하였으나 크게 이슈화되지는 아니하였다. 곧, 제5대 대선에서는 박정희 후보와 윤보선 후보 사이의 사상논쟁, 제7대에는 김대중 후보의 전력(前歷)에 대한 이슈, 제13대 때에는 군 출신 여부에 대한 논쟁 등이 이러한 이슈들의 주류를 이루었고, 제6대 때에는 박정희 후보 진영에 의하여 그 동안의 치적을 바탕으로 한 통솔력 이슈가 제기되었으며, 제13대 때에는 보통사람 이슈가 제시되었다.

이 이외에도 간간이 상대 후보자가 내놓은 공약이 거짓이라는 공격을 통해 상대 후보의 부정직성을 이슈화하려는 시도가 있었으며, 상대 후보의 자격이나 인성에 대한 부정적 측면을 공격하는 이슈들이 제시되었으나—예컨대, 구정치인, 무능력자, 야당 분열의 원흉 등—인신 공격으로 치부되어 크게 이슈화하지는 아니하였다. 다시 말해서 후보자들의 인성이나 자질 등은 국가 지도자를 뽑는 유권자들의 선택행위에 있어서 가장 중요한 기본적인 판단기준인데도 불구하고 크게 이슈화되지는 못하였다.

그 이유는 인신 공격을 하는 사람들을 도덕적으로 좋지 않게 보는 유교적 전통문화의 영향 때문으로 보인다. 다시 말해서 상대 후보자의 인성이나 자질에 관한 이슈를 제기하는 경우, 그것은 상대 후보에 대한 인신 공격으로 인식되거나 간주되기 쉽고 공직에 나가는 사람들의 잘잘못에 대한 비판을 받아들일 수 있는 문화적 풍토가 정착되지 아니한 상황에서는 이슈 제기자가 오히려 '남의 뒤를 캐는 지저분한 사람'으로 인식되어, 이슈 프레미엄을 잃는 역효과를 가져올 가능성이 있는 까닭에 크게 이슈화하지는 아니한 것으로 보인다. 아니면, 후보자들이 모두 다

인성이나 자질이 훌륭했거나 모두 다 형편없었기 때문인지도 모른다.

 이러한 이슈들은 공직자를 선택하는 데 있어서 매우 중요한 기본적 이슈이지만, 이와 같은 이유 때문에 상대방 후보의 인성이나 자질에 관한 약점을 어떤 후보자가 제기하기는 현실적으로 볼 때 상당히 어렵다. 따라서 후보 자질 및 인성에 관한 이슈들은, 직접적인 이해관계가 없는 제삼의 참여자라 할 수 있는 언론이 제기하여야 한다.

 다시 말해서, 공직에 나아가려는 인사들은 언론에 의하여 자신에게 제기된 다음과 같은 이슈들—도덕적으로 스캔들이 없는가, 탈세한 사실은 없는가, 국방의 의무를 회피한 것은 아닌가, 공적인 입장에 있을 때 거짓말한 적은 없으며, 부정을 한 적은 없는가, 그리고, 자질 면에서 어느 정도의 지식을 가지고 있으며, 국정 방향 또는 주요 정책에 관한 나름대로의 확고한 방향이 서 있는가, 건강상의 약점은 없는가 따위—에 관하여 성실히 응답하는 관행이 성립되어야 한다. 그렇게 함으로써 후보들은 언론에 의해 일차적으로 걸러져야 하며, 유권자들은 올바른 지도자를 선출할 수 있다.

 이러한 후보들의 약점에 관한 이슈들이 제시되면, 약점이 많은 후보일수록 이 이슈들이 부여하는 보다 많은 부정적 이슈 프레미엄을 얻게 될 것이다. 곧, 자신의 약점을 방어하는 데 정력을 쏟아야 하고, 그 약점에 대한 변명을 위해 자신의 이슈 공간을 할애하여야 할 뿐만 아니라, 잘못하면 그렇게 한다 하여도 유권자로부터 표를 잃기 쉽기 때문이다.

이런 점에서 볼 때, 이 이슈는 다른 이슈의 이슈 프레미엄에 영향을 미칠 뿐만 아니라 공직자의 선택에 있어서 바탕이 되는 매우 중요한 이슈이고 앞으로의 사회 변화에 따라 점차적으로 그 중요성이 높아질 이슈라 생각한다.

따라서 이러한 이슈의 제기전략은, 상대방의 약점에 관하여는 언론이 제기하도록 하는 반면에, 그러한 상대방의 약점과 대비되는 후보자 자신의 장점에 관하여는 자기 진영의 선거운동원들로 하여금 계속 반복 제기하도록 하는 전략을 사용하여야 한다. 곧, 상대방의 약점은 중립적 입장의 언론에서 제기하게끔 하며, 결코 후보자 자신이 직접 이를 공격하는 이슈를 제기하지 말고, 자신의 장점을 부각시킴으로써 간접적 방법으로 이를 공격하는 전략이 효과적일 것이다.

일곱째 갈래
한국의 선거정치—맺음말

첫째 마디: 후보자에게—어떻게 할 것인가
둘째 마디: 유권자에게—무엇을 보고 택할 것인가

첫째 마디
후보자에게―어떻게 할 것인가

　글쓴이의 입장은 후보자들의 '정직한 선거 공약'이 유권자들의 투표행태를 결정하는, 아니 결정하여야 한다는 입장이다. 물론 이 책의 첫머리에서 국민들의 투표행태에 영향을 미치는 요인들로서, 선거공약의 형태를 띤 이슈들 이외에도 여러 가지 요인들이 있다는 것을 선거 아젠다에 관한 이론들을 통하여 간단히 살펴보았다.
　비합리적인 요인들이 유권자의 투표행태에 전혀 영향을 미치지 않는 것은 아니겠지만, 그것보다는 합리적인 여러 가지 요인들이 이슈의 형태를 띠고 등장하여 그것이 선거기간 동안에 후보자들뿐만 아니라 유권자들 사이에 회자(膾炙)되고, 선거 결과에 더 많은 영향을 미친다는 것만큼은 틀림없는 사실이다.
　따라서 후보자는 선거기간 동안에 자신이 가지고 있는 이슈라는 자산을 가장 효과적으로 동원하여야 한다. 그러기 위해서는 이슈화시킬 수 있는 정책 문제나 그 해결방법에 대한 아이디어를 찾아내야 하고, 이들을 자신의 이슈로 만들어 쟁점화시키기 위해서 어떠한 상징을 사용할 것이며, 언제 어떤 방식으로 이슈를 제기할 것인지를 결정하여야 한다. 이것이 선거전략 가운데 핵심이 된다고 할 수 있는 이슈 전략에 관한 것이다.

이 책의 내용이 이슈 전략에 초점을 두고 있기 때문에, 구체적인 전략은 이 책을 읽는 편이 나을 것이다. 단지 글쓴이가 하고픈 말은 이 책이 제시하는 여러 가지 이슈 전략들은 선거를 치르는 데 있어서 매우 쓸모가 있을 것이라는 점, 그리고 이 책에서 제기된 여러 가지 전략을 적절히 활용한다면 선거법을 어기지 않고서도 목적하는 바를 충분히 달성할 수 있다는 점이다. 다시 말해서, 국민들에게 보다 설득력 있고 합리적인 자신의 이슈를 적시(適時)에 전달하고 각인(刻印)시킴으로써, 비합리적인 또는 부정한 방법을 쓰지 않고서 공직에 나아갈 수 있을 것이다. 뿐만 아니라 여기에서 제시되는 이슈 전략은 돈보다는 아이디어를 강조하는 것으로서 최소한의 비용만으로 선거를 효과적으로 치를 수 있을 것임을 확신한다.

그러나 이 책에서 밝혀낸 부정적인 이슈 전략들을 악용해서는 안될 것이다. 예컨대, 부정선거에 관한 이슈나 선거법 개정 등의 이슈에 의한 다른 이슈 공간의 잠식이나, 선심성 이슈의 남발에 의한 거짓 공약 따위를 제시하는 이슈 전략 등은 사용해서는 안될 것이다. 이러한 것들은 부정한 방법이고, 따라서 공정한 경쟁으로서의 선거를 위해 선거법을 개정할 때 이러한 행위에 대하여는 훨씬 강력한 처벌이 필요하다는 근거로서 제시한 것이지, 이를 선거전략에 악용하라고 제시한 것은 아니다.

공직에 나아가고자 하는 사람은 우선 기본적으로 떳떳해야 한다. 공직에 나아가고자 하는 이유는 내가 보다 더 국민들을 위하여 좋은 일을 하겠다는 의지 아니겠는가? 그러기 위해서는 내가 무슨 일을 할 수 있을 것인지에 대한 공부부터 해야 한다고 본다. 각 분야에 관한 식견을 갖추고 난 뒤 그것을 바탕으로 하여 이슈를 제기하고, 떳떳한 이슈 대결을 통하여 공정한 경쟁을 하여야 하고, 선거 결과를 겸허하게 받아들여야 될 것이다. 째째하게 부정한 방법을 쓰거나 야비한 방법을 동원해서야 되겠는가?

이 책은 이슈 전략을 어떻게 세우는 것이 효과적인가에 관하여 논의한 책이다. 공직에 나아가고자 하는 정직한 분들의 이슈 전략에 많은 도움이 되기를 진심으로 빈다.

둘째 마디
유권자에게—무엇을 보고 택할 것인가

　민주주의 정치체제에서 선거는 두 가지 의미를 띤다. 하나는 정치권력의 근거를 확보해주는 정치적 과정으로서의 의미요, 다른 하나는 정부의 정책에 연료를 공급해주는 정책적 과정으로서의 의미이다. 후보자로서는 정치적 지지를 획득함으로써 정치적 정통성을 확보하고, 국민은 정부가 해야 할 일을 선거를 통해서 요구한다. 선거란 선거전에서 승리한 사람에게 공공 권력의 사용을 허가해주는 하나의 의식(儀式)이며, 동시에 다른 한편으로는 새로운 이슈나 문제들을 제기할 수 있는 기회이다.
　지금까지 우리나라에서의 선거는 이와 같은 두 가지 의미 가운데 앞의 것에만 지나치게 집착해왔던 것 같다. 곧, 정치적 과정으로서의 선거만 강조되었고, 후보자들은 정치적 지지의 획득을 위해서 수단과 방법을 가리지 않았고 국민들도 선거란 으레 그러려니 했다.
　정치인은 권력의 획득을 위해 좋은 말로 해서 적극적이었고, 나쁜 말로 해서 저희들끼리 물불을 가리지 않고 치고 받는 진흙

밭의 개싸움[泥田鬪狗] 행태만 보였고, 이러한 행태에 대해 국민들은 굿구경이나 하고 떡이나 먹자는 식의 소극적인 방관자적 태도나 냉소주의적 태도만 보였을 따름인데, 이것은 지나칠 정도로 정치적 권력의 획득에만 눈을 주었기 때문에 나타나는 현상이었다.

그러나 시대가 바뀌고 상황이 변하다 보니, 이제 후보자들이나 국민들이나 모두 다 정책적 과정으로서의 선거에 눈을 돌릴 때가 된 것 같다. 민주주의 정치이론에서는 선거를 통하여 국민들의 요구가 결집되고 그것이 후보자들의 정견과 공약에 의하여 수용되고 정부의 정책에 반영되며, 다음 선거에서는 그것이 국민들에 의하여 평가된다. 그렇다면 정책적 과정으로서의 선거라는 관점에 눈을 돌릴 경우 국민들은 무엇을 보고 표를 던질 것인가?

지금까지의 선거에 관한 연구 결과를 보면, 국민들의 투표행태는 크게 나누어 앞에서 제시한 두 가지 이론의 줄기에 의해서 설명된다. 하나는 유권자들이 합리적인 요인들을 판단하여 후보자를 선택한다는 합리적 선택과정으로서의 선거이론이고, 다른 하나는 비합리적 요인에 따라 나타나는 투표행태를 설명하는 비합리적 요인설이다.

합리적 선택과정으로서의 투표행태를 설명해주는 대표적 이론인 약속 이론(promise theory)에 의하면, 유권자들과 후보자의 만남이 선거공약을 통해서 이루어진다. 후보자는 국민들에게 미래에 대한 푸른 꿈을 제시하고, 국민들은 그것을 보고 후보자를 판단한다. 후보자와 국민들의 만남이 선거공약을 매체로 하여 이루어진다는 사실은, 국민들이 후보자들의 이슈 입장에 따라서 자신이 행사할 표의 향방을 결정한다는 사실을 의미한다. 따라서 후보자들은 국민들이 원하는 것이 무엇인지를 찾아내어 그 해결방법을 국민들에게 제시하여야 하고, 국민들은 해결되어야 한다고 생각하는 문제나 요구들을 후보자에게 가져간다. 선거과정은 이러한 이슈나 문제에 대한 각 후보자들의 견해나 입장이 표명되어 선거공약의 형태로 국민들에게 전달되고, 국민들은 후보들이 제시한 선거공약을 보고 표를 결정하는 심판과정이기도 하다.

그러나 후보자가 미래에 대한 약속을 제시하고 국민들이 그 약속을 보고 투표한다고 해도 몇 가지 문제는 있다. 국민들이 후보자들이 제시하는 공약에 대해서 잘 알지 못한다는 것이다. 과거에는 먹고 살기 바빠서 누가 무슨 공약을 내걸었는지 큰 관심도 없었고 교통·통신의 미발달로 인해 유권자들에게 공약이 잘 전달되지 않을 수도 있었으나, 세상이 바뀌니 이런 점은 문제가 없어졌다고 보인다.

그러나 실제에 있어서 일반 국민들로서는 후보자가 제시한 약속의 실현가능성에 대한 판단이 어렵다. 후보자들의 정책 공약에 관한 판단을 통해 후보자를 선택하기 어려운 요인은 몇 가지로 나누어 살펴볼 수 있다.

첫째, 후보자들이 제시하는 정책 공약에 대해서 정확하고도 충분한 정보가 필요한 데도 불구하고, 정보가 불충분하거나 이슈 경쟁을 통해서 왜곡된 정보가 제공된다는 점이다. 예컨대 후보들이 국민들의 환심을 사기 위해 거짓 공약이나 선심성 공약을 남발하는 경우를 들 수 있다. 유권자들은 거짓 공약을 알지 못하기 때문에 그것을 믿고 표를 던지는 경우가 왕왕 있다. 더욱이 책임감 없는 정치인들이 선거기간 동안에 입에 침도 안 바르고 거짓말만 하다가 당선된 다음에는 까마귀 고기를 먹었는지 그 다음 날로 싹 잊어버리는 경우를 우리는 보아왔다. 후보자로서 제시한 이슈를 당선된 다음 날부터 눈꼽만치의 노력도 없이 가짜 아젠다(pseudo agenda: 정책으로 전환시키지 않고 그대로 정책결정자의 책상 위에 방치된 이슈들의 모음)의 창고 속에 처박아버리고는 '믿어주세요'만 뇌까리다 임기가 끝나버린다. 그러면서 한편으로는 그러한 사람을 뽑았던 국민들이 잘못 아니냐고 오히려 반문한다. 약속의 불이행으로 인해 국민들은 그 거짓말장이의 임기 동안에 고통을 맛보았으니 지도자를 잘못 선택한 대가는 충분히 치른 셈인데도 불구하고, 임기 동안에 편안히 비행기 타고 놀러 다니면서 국고만 낭비한 거짓말장이는 무슨 민주화의 큰 업적을 쌓은 듯 거드럭거린다.

예컨대, 물가 안정을 지속시키겠다고 하여 뽑아주었는데 임기 동안에 물가가 두 배로 오른다면 누가 고통을 받는가? 고통을 받는 것은 국민이요, 그것은 당연하다 치자. 그렇다면 특권을 누리는 것은 거짓 공약을 내걸었던 사람인데 그것도 당연한 것이어야 하는가? 뽑힌 사람이 뽑아준 사람들의 고통을 대가로 하여 특권을 누릴 수 있는 자격을 얻을 수 있다는 것은 무엇인가 한참 잘못된 것이다.

따라서 유권자들은 공약의 허구성을 잘 판단하여 거짓말장이를 뽑아서는 안된다. 그러나 문제는 공약의 판단에 정확한 정보와 함께 전문지식이 요구되기 때문에 일반 국민으로서는 누가 거짓

말쟁이인지 알 수 없다는 점에 있다. 이것은 국민들의 책임이 아니라 정책학자들과 언론의 책임이다.

　이와 같이 공약의 판단이 어렵기 때문에 유권자들은 정당을 보고 투표하기도 한다. 그러나 우리나라의 경우에는 정당이 정책적 기조를 일관성있게 계속 유지하면서 선거 때마다 후보자를 내세우는 것이 아니라, 사람에 따라서 정당 이름이 바뀌며 이합집산을 계속하여왔다는 불행한 역사적 사실 때문에 후보자 대신 정당을 보고 선택하는 데에도 한계가 있다. 다른 말로 해서, 정당을 보고 후보를 판단해야 하는데, 선거 때마다 기존 정당은 분열되고 새로운 정당들이 급조되니 정당을 보고 투표한다는 것 역시 어불성설이다.

　둘째, 정책 문제의 판단에는 전문적 지식이나 분석이 필요한 경우가 많기 때문에 유권자들이 선거공약을 판단하기 어렵다는 점이다. 그 예로서는 유권자들이 예산상으로 판단해볼 때 자기 지역에 관한 선심성 공약이 실현가능하다고 판단하는 데서 오류를 범할 수 있다는 점을 들 수 있다. 만약 그 후보자가 전국 각 지역을 돌아다니며 똑같은 선심성 공약을 제시하는 경우, 전부 다 모아놓고보면 예산상으로 보더라도 어느 곳에선가는 실현이 안되는 곳이 있을 수 있는데, 유권자들이 이를 판단한다는 것은 거의 불가능하다. 뿐만 아니라 정책 공약들 가운데 대부분은 실현가능성을 판단하는 데 전문지식과 분석방법을 요구하는 경우가 많다.

　셋째, 후보자들의 선거공약에 큰 차이가 나타나지 않는다는 점 역시 선거공약을 보고 후보를 선택하는 데 있어서 문제가 된다.

곧, 후보자들 또는 정당들간에 제시된 정책들의 이슈 입장에 차이가 없는 경우 선거공약에 대한 판단이 불필요해진다. 곧, 다른 정당이나 후보자가 제시한 공약과 거의 대동소이하게 정책 공약을 내세움으로써 후보자들 사이의 이슈 입장에 큰 차이가 없는 경우, 어떻게 정책 이슈를 보고 투표를 한단 말인가? 더욱이 우리나라의 경우 불행하게도 지금까지 진보 정당의 결성이 억압되어왔고 국민들이 반공 이데올로기에 사회화되어 있느니만큼, 보수 정당 일색이며 보수 여당과 보수 야당 사이의 이슈 입장에 큰 차이가 나타나지 않는 경우가 많다.

넷째, 유권자들이 설령 공약에 대해 판단할 수 있다 하더라도, 정책 공약에 관한 우선순위가 명백하지 않은 경우 선택적 갈등에 싸이게 된다는 점 등을 들 수 있다. 예컨대, 경제 안정에 관한 이슈와 외교에 관한 이슈는 A후보자의 정책 입장에 찬성하지만, 공해에 대한 이슈와 통일에 관한 정책 대안은 B후보자에게 찬성하는 경우, 유권자는 두 후보자 중 누구를 선택할지 갈등에 빠지는 경우를 들 수 있다.

이런저런 이유 때문에 유권자들은 정책 공약에 의하여 후보자를 선택하기가 쉽지 않다. 따라서 후보자들이 제시한 미래의 약속에 대한 판단은 유보해놓고, 선거를 통해 후보자의 과거 업적에 대한 회상적 판단에 따라 표를 던지는 경우가 있는데, 이를 설명하는 이론이 선거를 통한 보상-처벌 이론(electoral reward and punishment theory)이다. 과거의 잘잘못에 대한 보상이나 처벌로서의 선거는 앞으로의 후보자에 대한 유권자들의 기대심리를 전제로 한다. 곧, '과거에 일(정책)을 잘 했으니 앞으로도 잘 할 것이다' 또는 '과거에 잘못했으니, 다른 후보에게나 기대를 걸어보자'는 심리가 그 밑바닥에 깔려 있다. 따라서 정책 대안의 제시와 그에 대한 이해 득실을 따져서 투표의 향방을 결정짓는 것이 아니지만 전혀 비합리성을 띤 투표행태는 아니다.

그러나 이것 역시 정책 공약의 판단에서와 비슷한 문제가 발생한다. 곧, 정확한 정보와 거짓 정보의 구별을 필요로 하며 판단기준이 명백해야 하는 데, 판단기준이 뚜렷하지 않기 때문에 업적과 잘못에 대한 결과를 놓고 결론을 내리기가 어렵고, 후보들 사이의 객관적 비교가 가능하다 하더라도 A후보는 이 점이 좋고, B후보는 저 점이 마음에 든다고 할 때 선택적 갈등에 쌓이게 된다. 더욱이 A후보는 이 점이 나쁘고 B후보는 저 점이 나쁘다고 판단할 때, 누구를 선택해야 할 것인가?

선거과정에서 공약을 보고 투표한다는 의미는 엄격한 의미에서 후보자들 사이의 정책 대안에 대한 이슈 입장을 보고, 그 결과에 대한 판단과 더불어 합리적으로 후보자를 선택하는 행위라 할 수 있으나, 일반적으로는 후보자가 제시하는 앞으로의 약속, 과거의 잘잘못에 대한 시시비비, 후보자의 자질, 성품, 자격 등에 대한 논쟁 등을 다 포함할 수 있다.

후보자의 경륜, 지식, 정책능력, 지도력 따위의 후보자 자질이나 능력에 관한 것, 출신성분, 이념적 성향 따위의 후보자 자격 및 이념에 관한 것, 그리고 정직성, 도덕성, 책임감, 신뢰성 등 후보자들의 성품에 관한 것도 유권자들의 중요한 판단기준이 된다.

이들 특성들은 직접적인 정책 대안을 제시하는 것은 아니지만,

실제적인 정책 수행이나 방향의 설정에 아주 밀접한 관련이 있는 까닭에 어떤 유권자들은 정책 이슈보다도 이들을 더욱 중요시한다. 곧, 정책 이슈에 대한 판단에 앞서 이러한 후보자의 특성들에 대한 판단이 더 중요하다고 생각하는 유권자들이 많이 있다. 예컨대, 앞에서 이야기했듯이 정책 공약을 보고 투표하려 해도, 후보자들에 의하여 제시되는 공약들이 어슷비슷하거나 과거의 업적 또는 잘잘못을 판단하는 데도 문제가 있는 경우, 유권자들은 후보자의 정직성이나 도덕성 등을 기준으로 하여 후보자들을 비교해서 가장 덜 거짓말하는 후보자를 가려내려 한다. 또는 정책 공약의 실현가능성에 대해서도 후보자들의 정책능력, 신념, 지식 등에 비추어 판단하기도 한다.

실제로 선거 유세과정에서 후보자의 특성에 관한 이런 사항들은 이슈로의 전환이 가능하며, 정책의 문제는 아니지만 이슈로 전환되어 많은 이슈 갈등을 보여주면서 유권자의 관심을 집중시킨다.

그러나 후보자의 인격, 능력, 이념 등을 판단하여 후보자를 선택하는 것 역시 쉽게 이루어지는 것은 아니다. 왜냐면 앞에서 이야기한 비슷한 문제들이 유권자들의 편견에 작용하는 까닭이다.

한편, 유권자가 후보자의 당선가능성에 주목하여, 아무리 그 후보의 이슈 입장에 찬성한다 하여도 그 후보가 떨어질 가능성이 높으면 그 후보에게 투표하지 아니하고 당선 가능성이 있는 후보 가운데서 자신의 이슈 선호에 근접한 견해를 표명하는 후보를 골라 투표하는 경우도 있다. 이러한 현상을 설명해주는 이론이 사표(死票)방지 이론인데, 이 이론에서는 후보자 선택에 있어서 이슈보다는 당선가능성을 우선시킨다. 즉, 유권자들은 당선가능성이 없는 후보에게 투표함으로써 자신의 표가 사표가 되는 것을 원하지 않기 때문에, 당선가능성이 없는 후보에게는 아무리 중요한 이슈에 대한 이슈 입장이 같다고 해도 표를 던지지 않고, 자신의 이슈 입장과 근접한 이슈 입장을 표명하는 당선가능성이 있는 다른 후보자를 찾는 경향이 있다는 것이다.

지금까지 유권자들의 투표행태에 영향을 미치는 합리적 요인들을 살펴보았다. 이들 요인들, 곧 정책 공약, 과거의 업적이나 잘못, 후보자의 능력 및 자질, 이념, 성품 또는 당선가능성 등이 투표행태에 영향을 미치는 중요한 요인이라고 보는 이론적 설명에서는 유권자가 어느 정도 이상의 합리성을 가지고 있다는 것을 가정한다. 다시 말해서 유권자가 정책 공약을 보고 판단하든지, 과거의 업적을 보고 판단하든지, 후보자의 이념이나 능력, 또는 성품을 보고 판단하든지, 아니면 후보자의 당선가능성을 보고 판단하든지간에, 그리고 그 판단이 옳든 그르든간에, 일단 유권자는 합리적으로 판단한다는 것을 전제로 한다.

이런 이론들에 비추어보면, 선거는 유권자의 합리적 선택행위이다. 그러나 이러한 이론들이 많은 유권자들의 투표행태를 다 설명할 수 있는 것은 아니다. 많은 유권자들은 반드시 합리적 판단을 내린 다음에 투표하는 것은 아니다. 왜냐하면 앞에서 이야기했듯이, 판단기준 선택에 있어서의 혼란, 불확실하거나 불충분한 정보에 의한 판단 불가능성, 전문지식 등의 결핍에 따른 판단능력의 부족, 비교불가능성에 따른 선택적 갈등 따위 등 유권자들의 합리적 판단을 저해하는 많은 요인들이 있기 때문이다.

이와 같은 요인들 때문에 일부 유권자들은 이슈에 대한 평가보다는 후보자 개인의 매력이나 성격 등에 이끌리어 표를 던진다. 또는 가족이나 친구 또는 아는 사람이 ○○○를 찍는다고 하니까 그냥 그에게 투표하는 경우도 있고, 같은 고향, 같은 학교, 같은 종교, 또는 경제적인 배경이 같으니까 그에게 표를 던지는 수도 있다. 아니면, 물품을 받거나 돈에 매수되어 표를 던지는 경우도 있다. 이러한 현상은 이론적으로 동조투표(conformity voting) 이론 또는 준봉투표 이론으로 설명된다. 동조투표란 좁은 의미에서 볼 때, 유권자가 이슈에 관한 자신의 판단을 유보하고 가까운 사람의 의견에 좇아서 투표하는 것을 말하지만, 넓은 의미에서는 지연, 학연, 출신성분 따위에 동조하여 표를 던지는 투표행태뿐만 아니라, 금전이나 물품 등의 물질적 유인이나 관권, 폭력, 감정주의적 이념 및 분위기 등의 외부 압력에 반응하는 동원 투표의 형태까지 포함시킬 수 있다.

이들 가운데 매표 행위는 자신의 표가 가지는 중요성보다도 매표의 대가를 더 중요시하는 경우 나타나는데, 경제 발전이 이루어지지 않아서 물자가 부족한 경우에, 그리고 투표에 관한 가치기준이 정립되어 있지 않은 경우에 많이 나타나는 현상이라 할 수 있다. 따라서 이러한 현상은 과거의 투표행태를 설명하는 데에는 효과적일 수 있으나, 현재 우리나라에서의 선거과정에는 거의 적용되지 않을 것으로 생각한다. 곧, 매표에 의해 표의 향방이 결정되는 경우는 점점 희박해지고 있다고 보아도 무방할 것이다.

결국 우리나라의 대통령 선거에 있어서 동조투표의 형태로서 가장 큰 문제로 나타나고 있는 것은 두 가지로 요약해볼 수 있는데, 그것은 지연에 따른 동조투표와 여성들의 동조투표 성향이다.

지연에 따른 동조투표 행태는 지역 차별에 따른 지역감정이 격화됨으로써 나타나기 시작한 것으로서 유권자들의 투표행태에 영향을 미치는 비합리적인 요인 가운데 대표적인 것으로 인식되고 있다. 이 투표양태는 무작정 자기 출신지역의 후보에게 투표하는 데 문제가 있는 것인데, 유권자들이 지역이기주의에서 벗어나 정책 공약이나 후보자의 과거 업적, 인격 따위를 고려하여 후보를 선택할 필요가 있다고 본다.

동조투표의 또 하나의 유형으로서 아직도 많이 남아 있는 것은 우리나라의 여성 유권자들이 스스로 후보자들의 정책 공약이나 인격 등을 판단하지 아니하고, 남편이나 가족의 영향을 받아서 투표하는 형태이다. 이것은 여성 유권자들의 정치적 의식이 높아짐으로써 점차 해결되고는 있으나, 아직도 많은 여성 유권자들이 동조투표 행태를 보이고 있다고 생각한다.

한편, 비합리적인 투표행태로서 나타나는 또 하나의 현상은 기권의 형태인데, 기권은 유권자가 후보자의 선택 행위를 포기해버리는 행위이다. 이에 대한 설명은 여러 가지가 있을 수 있다. 그 가운데 합리적 선택이론에서 논쟁이 되기도 했던 것은 유권자가 '나 하나의 표가 당선을 좌지우지하지는 않을 것'이라는 생각을 가지기 때문에, 자기 자신에게 보다 더 이익을 가져다주는 일을 하는 것이 투표에 참여하는 것보다는 낫다는 설명이다.

유권자들은 후보자가 내세운 정책 공약, 후보자나 소속 정당의 업적과 잘못, 후보자의 인격, 능력, 당선가능성 등의 모든 요인을 고려하여 합리적으로 후보자를 선택하려 해도, 앞에서 말한 여러 가지 저해 요인들 때문에 비합리적 투표행태를 보이기 쉽다.

 한마디로 말해 유권자들의 후보자 선택과정은 고민과 갈등의 과정이다. 그렇다고 하여 이러한 고민과 갈등을 피하기 위해 기권을 한다든가, 같은 지역 출신이니까 ○○○에게 표를 찍는다든가, 친구나 가족이 ○○○를 찍으니까 따라서 그냥 ○○○에게 표를 던진다든가 하여서 되겠는가?

 적어도 앞으로의 우리나라 선거에서는 앞에 제시한 후보자 선택에 있어서의 여러 가지 합리적 기준들을 고려하여 투표행위가 이루어져야 할 것이다. 여러 가지 제약 요인 때문에 판단이 어렵다고 하여 비합리적 요인에 의존하는 투표행태, 곧 기권이나 동조투표만큼은 피해야 할 것이다. 선택에는 갈등이 따르지만, 그러한 갈등 끝에서 잉태된 선거 결과는 앞으로 우리나라의 장래를 밝게 할 만큼의 가치가 충분한 것이다. 선거란 잔치가 아니고, 고통이어야 한다.

지은이 소개
송근원
1951년 대전 출생
1973년 서울대학교 문리과대학 졸업
1975년 서울대학교 행정대학원 졸업
1987년 West Virginia University 정책학 박사
1975년-1978년 육군제3사관학교 교수
1979년-현재 경성대학교 교수
저서: *Agenda Dynamics in Social Policy Initiation*
　　　(American Studies Institute, Seoul National Univ. 1989)

선거공약과 이슈 전략

1992년 12월 7일 초판 인쇄
1992년 12월 17일 초판 발행

지은이　송근원
펴낸이　김종수
펴낸곳　도서출판 한울
　　　　주소 (120-180) 서울시 서대문구 창천동 114-9(2층)
　　　　전화 326-0095
　　　　팩스 333-7543
　　　　등록 1980. 3. 13. 제14-19호

ⓒ 송근원, 1992. Printed in Korea.
ISBN 89-460-2015-6

* 잘못된 책은 바꿔 드립니다.　　　　값 5,500원

한울 분야별 도서목록

◎한국사회연구
- 총83 제국주의와 한국사회/장상환
- 한반도의 군축과 사회복지/평화연구소
- GATT,우루과이라운드,한국경제/김기흥
- 총81 사회주의개혁과 한반도/학단협
- 총79 한국사회론/긴진균 외
- 아카 한국사회의 이해/장상환 외
- 총53 한국자본주의와 사회구조/최장집
- 총45 한국자본주의와 국가/최장집 외
- 총44 한국사회의 계급연구 1/긴진균 외
- 총32 한국사회의 재인식 1/박현채 외
- 아카 한국자본주의사론/주종환
- 아카 한국자본주의론/주종환
- 한국정치와 정치발전론/유영준
- 열46 한국민주주의에 대한 전망/김문수
- 열44 땅,집-한국 토지주택정책/경실련
- 열43 자본주의와 한국언론
- 열42 한국노동자 계급론
- 열41 한국자본주의의 전개와 그 성격
- 열38 한국농민운동사/이우재
- 열36 한국에서의 국가와 사회
- 열26 한국의 의료실태/서울대 의대
- 열20 현대 인문사회과학 논쟁/김홍명 외

◎한국현대사연구
- 한국전쟁/노민영(근간)
- 총85 미군정 4년사/송광성(근간)
- 총83 제국주의와 한국사회/장상환 외
- 아카 한국사회의 이해/장상환 외
- 총57 해방정국논쟁사 1/심지연
- 열33 민족주의 논쟁과 통일정책/심지연
- 총38 민족분단과 통일문제/김병오
- 총32 한국가이론과 분단한국/김홍명 외
- 日帝下社會運動史資料集12권/김봉우

◎한국사연구
- 아카 한국사강의/한국역사연구회
- 총85 미군정 4년사/송광성<근간>
- 총78 한국근대사/감재언
- 아카 인정식전집<근간>
- 총30 한국의 역사/조선사연구회
- 총01 한국근대사연구/강재언
- 학술 역사와 인간의 대응(한국)/고병익
- 열37 한국근대사개설/미촌수수
- 열06 식민지/村上勝彥
- 열05 한말,일제하의 한국경제와 소외/박찬일
- 아카 한국사 강의/한국역사연구회
- 아카 중세사회 해체기의 제문제 上,下
- 日帝下社會運動史資料集12권/김봉우
- 학술 한국사학논총/이재룡 편

◎언론
- 언론민주화의 논리/김동민<신간>
- 아카 현대사회와 매스커뮤니케이션/한국언론연구회
- 아카 정보제국주의/강준만
- 열43 자본주의와 한국언론/커뮤니케이션연구회

◎동양학연구
- 아카 중국철학입문/하내유 편
- 아카 동아시아사상사/조성을 옮김
- 총51 5.4운동 연구서설/狹間直樹
- 총70 일본현대사/遠山茂樹
- 학술 역사와 인간의 대응(중국)/고병익
- 아카 중국사 개설/마쯔마루 외
- 아카 명말 청초사회의 조명/오금성 외
- 아카 일본국가독점자본주의/안림
- 열08 중공에서의 중국근대사연구동향/민두기
- 열09 중공에서의 역사동력논쟁/민두기
- 열10 중국민중운동사 연구/F.웨이크만
- 열12 중국공산혁명정치경제학/장달중
- 열40 중국사입문/서명정성
- 아카 현대 중한사전
- 아카 현대 중한대사전/홍만식 외

◎역사이론
- 총34 알기쉬운 역사철학/편집부
- 총48 맑스주의 역사과학 입문/小谷汪之
- 아카 사회학과 역사학/피터 버크
- 열17 아시아전근대 사회구성의 성격논쟁

◎철학기초
- 총02 철학개론/務臺理作
- 총34 알기쉬운 역사철학/편집부 편
- 총60 변증법 강의/유병주 편
- 총03 사회사상사/平田淸明
- 헤겔철학
- 총06 헤겔과 프랑스혁명 /요하임 리터
- 총07 헤겔의 사회철학/M.리델

◎현대자본주의론
- 한국자본주의의 이해/사회경제학회
- 총84 경제사와 자본론/마쓰오 타로
- 총82 기적과 환상/A.리피에츠
- 사상과 위기의 경제학/최용식
- 아카 근대경제학의 재검토/주종환 편
- 아카 일본국가독점본주의/안림
- 아카 현대자본주의와 노동시장/이각범
- 총77 현대자본주의와 보건의료/나바로
- 총62 제국주의론/眞木實彥 외
- 총58 국가독점자본주의론 1/池上 淳 외
- 총54 경제체제론/조용범
- 총47 발리바르 정치경제학비판/윤소영
- 총35 현대정치경제학입문/김수행 역
- 총26 현대자본주의의 이론적 인식/김진균 편
- 총04 독점자본/바란.스위지
- 열30 요점자본론/B.파인
- 열27 자본주의의 형성과농민층분해론/石渡貞雄
- 열14 사적유물론의 기본개념/E.발리바
- 열13 국제무역의 정치학/中川信義
- 열02 자본주의란 무엇인가?/M.돕

◎상부구조
- 총55 마르크스주의와 법/휴콜린즈
- 총29 사회구조와 사회의식/P.헤밀턴
- 총28현대이론과 이데올로기/라레인
- 총27 소비에트 이데올로기 2/레온하르트
- 총26 소비에트 이데올로기 1/G.베터

◎현대정치이론
- 총83 제국주의와 한국사회/장상환
- 총81 사회주의개혁과 한반도/학단협
- 총63 비교정치학이론/R.칠코트
- 총64 민주주의 혁명론/여혁덕 외
- 총65 영구혁명론과 니카라과혁명/김민권
- 총66 한국남부유럽과 민주화/오도넬 외
- 열15 그람시의 맑스주의와 헤게모니/
- 열39 마르크스의 혁명론과 현대
- 한국정치와 정치발전론/유영준

◎현대사회사상과 사회이론
- 총80 미셸 푸코론/한상진 외
- 총78 한국사회론/김진균 외
- 총56 현대자본주의와 중간계급/에버크롬비
- 열46 국가 계급 사회운동/三지제 외
- 열28 현대사회이론과 이데올로기 라레인
- 총24 사회과학의 역사/버날
- 열10 실존과 혁명/노바크
- 열09 맑시즘/하일브로너
- 열05 구조주의와 현대맑시즘/글룩스만
- 열03 사회사상사/平田淸明
- 열04 정보화사회의 사회적 구조/벨

◎맑스주의연구
- 총84 경제사와 자본론/松尾太郎<신간>
- 총74 마르크스엥겔스문학예술론/맑스
- 총66 마르크시즘과 기독교/맥거번
- 총62 제국주의론/眞木實彥
- 총55 마르크스주의와 법/휴콜린즈
- 총52 마르크스의 비서구사회론/김세연
- 총49 마르크스주의와 민족문제/배동문
- 총48 맑스주의역사과학연구입문
- 총33 사회학과 마르크스주의/전병재
- 총27 소비에트 이데올로기 2/레온하르트
- 총22 소비에트 이데올로기 1/G.베터
- 총09 맑시즘/하일브로너
- 열39 마르크스혁명론과 현대/古賀英三郎
- 열31 현대맑스주의 현재와 미래/H.홀프
- 열30 요점자본론/B.파인
- 열14 사적유물론의 기본개념E.발리바

계급문제
- 총56 현대자본주의와 중간계급에버크롬비
- 열46 국가 계급 사회운동/조기제 외
- 열44 한국사회의 계급연구 1/김진균 외
- 열42 한국노동자계급론/사회발전연구회
- 열27 자본주의형성과 농민층분해
- 열19 자본주의국가와 계급문제/남구현

국가론
- 총69 라틴아메리카와 민주화/오도넬 외
- 총68 권위주의정권의 해체와 민주화
- 열46 국가 계급 사회운동/石지제 외
- 열45 한국자본주의와 국가/최장집
- 열42 국가와 정치이론/M.카노이
- 총41제3세계군부통치와정치경제/김영명
- 총31 노동주의 국가론/박상섭
- 총23 제3세계정치체제와 관료적 권위주의/한상진
- 아카 자본주의사회와 국가/김재선 외
- 열24 주변부사회구성체와 국가정진상
- 열21 국가권력과 계급권력/N.풀란짜스
- 열19 자본주의국가와 계급문제/남구현

민족문제
- 총36 민족문제의 사적구조/탕천괘남
- 총49 마르크스주의와 민족문제/배동문

◎제3세계론
- 총69 라틴아메리카와 민주화/오도넬 외
- 총68 권위주의정권의 해체와 민주화/오도넬 외
- 아카 남부유럽과 민주화/오도넬 외
- 열01 관료적 권위주의와 조합체제/오도넬
- 총65 영구혁명론과니카라과혁명/김민권
- 총52 마르크스의 비서구사회론/김세연
- 총43 제3세계 사회발전 논쟁/이각범
- 총41 제3세계군부통치와정치경제/김영명
- 총37 제3세계 국가자본주의론/조용범 외
- 총25 종속이론과 정통맑스주의/칠코트
- 총23 제3세계정치체제와 관료적 권위주의/한상진
- 총21 제3세계의 정치경제학/김호진
- 총17 제3세계와 사회이론/김진균
- 열03 인도와 식민지적 생산양식/알라비
- 열07 제3세계후진성의 역사적고찰/바란
- 열23 세계체제논쟁/C.체이스던
- 열24 주변부사회구성체와 국가/정진상

혁명론
- 총64 민주주의 혁명론/여현덕 외
- 총65 영구혁명론과 니카라과혁명/김민권
- 열39 마르크스혁명론과현대/古賀英三郎

◎사회학연구
- 아카 한국사회학연구 제 7,8,9집/
- 아카 비판과 변동의 사회학/김진균
- 아카 사회학과 역사학/피터버크
- 산업사회연구/산사연
- 아카 사회변동의 이론/아펠바움
- 아카 경제성장과 사회변동/김경동
- 아카 사회학 방법론/왈라스
- 아카 사회학의 사명과 방법/임현진
- 아카 사회학이론의 발달사/짜이틀린
- 아카 사회변동의 이론과 전망/라우어
- 아카 교양사회학 입문/버거
- 아카 사회학 입문/라이트 외
- 아카 국가권력과 범죄통제/심영희
- 아카 새로운 범죄학의 흐름/안진
- 아카 가족과 결혼의 사회학/미셸

◎여성,가족연구
- 아카 가족과 페미니즘<근간>
- 탁아제도의 미래와 공동육아의 현실
- 아카 가족자원관리/디컨 외
- 지연된 혁명- 중국사회주의와 여성생활
- 열34 여성사회학/여성사회학회
- 여성평우/여성평우회

◎교육연구
- 사회개발과 교육의 민주화/이규환
- 비판적 교육사회학/이규환
- 한국교육/이규환 편
- 우리의 삶터를 아름답게/류재명

◎통일과 북한사회연구
- 총67 북한정치경제입문/김일평
- 총50 북한사회의 재인식 1/양호민
- 통일문제의 이해/박관용 편
- 북한기행/양성철
- 분단의 정치/양성철
- 미완의 귀항일기(상/하)/홍동근(비매품)

◎사회복지연구
- 한반도 군축과 사회복지/평화연구소
- 아카 자본주의와 인간발달/레오나드
- 아카 복지국가의 정치경제학/고프
- 아카 가족과 결혼의 사회학/미셸

◎한울 보건의료도서
- 아카 역사속의 보건의료/황상익 편역
- 보건의료인과 보건의료운동/보사연
- 총76 한국의 의료/의료연구회
- 총77 현대자본주의의 보건의료/나바로
- 열45 노동자건강의 사회적 보장/노동과 건강연구회
- 열26 한국의 의료실태/의료심포지움

◎한울지리학연구
- 아카 자본주의도시화와 도시계획/최병두 외
- 아카 인문지리학 사전/(근간)
- 아카 韓國의 氣候誌/라우텐사호

◎한국농업문제
- 이기 현대농업정헥론/于종환
- 이우재논집2 한국농민운동사연구
- 이우재논집1 한국농업문제의 본질
- 열38 한국농민운동사
  (이우재논집 1로 증보)

◎노동문고
- 01 1990 임금인상
- 02/03 일꾼시사교육 1,2
- 04 90년상반기노동운동의 평가와 전망
- 천만노동자의 가슴속에 너를 묻는다
- 아카 현대미국노동운동의 기원/배영수

◎한울기독교도서
- 총66 마르크시즘과 기독교/맥거번
- 아카 종교학/샤프
- 해방공동체 1,2,3,4,5/청년성서연구모임
- 기독교와 정치/홍근수
- 그날이 오면/한완상
- 통일신학을 향하여/노정선
- 한국사회윤리의 동향/홍근수
- 광야에서 온 도전장/홍근수
- 분열이 있는 곳에 일치를/장기천
- 새롭게 하시는 성령과 한국교회/이삼열
- 맑스주의와 기독교사상/이삼열 편
- 신 앞에 민중과 함께/서광선
- 통일과 민족교회의 신학/홍근수 외
- 현장 민중신학 1,2/김송달
- 지금은 통일할 때/홍근수

◎한울문예
- 강철군화/잭 런던
- 정태춘/이영미 엮음
- 날아라 장산곶매야/이기연
- 캉디드/볼테르
- 누렁송아지/이영미 엮음
- 김민기/김창남 엮음
- 이제사 말햇수다 1,2/4.3연구소
- 윤이상(상처입은 용)/루이제 린저
- 내 아들은 어디에/하우저
- 전쟁장난감/루이제 린저
- 아리랑 고개의 여인/고준석
- 동네خ/하정완
- 잃어버린 작은 새/박영후
- 아빠 얼굴 예쁘네요/김민기
- 구백사람/애청
- 들판에 불을 놓아/애청
- 자아(상/하)/모순

◎한울과학문고
- 01 아인슈타인이 직접 쓴 물리이야기/
- 02 생명이란 무엇인가/슐레딩거<근간>
- 03 버날과학사 1/버날<근간>
- 04 버날과학사 2/버날<근간>
- 총서 24 사회과학의 역사/버날
- 총71 J.D. 버날과학사3/버날

◎자료모음
- 日帝下社會運動史資料集12권/김봉우
- 90년상반기 인문사회과학 자료목록
- 아카 인정식전집<근간>

◎한울어학교재
- 아카 현대 중한사전
- 아카 현대 중한대사전/홍만식 외
- 강독을 위한 일문법/편집부
- 아카 표준중국어문법
- 아카 중국어 회화(근간)
- 아카 일본어 회화(근간)

◎단행본
- 새로운 선거전략/단 니모
- 알기쉬운 정치사회/김동주
- 중국의 우리민족/연변인민출판부
- 학술 한국경영론/황병철
- 아카 현대미국노동운동의 기원/배영수

참조:총=한울총서/아카=한울아카데미/
학술=한울학술총서/열=열린글